나는 이탈리아에서 행복한 인생을 배웠다

나는 이탈리아에서 행복한 인생을 배웠다

박재현 지음

슬로디미디어

프롤로그

#001
백혈병 환자, 생과 사의 경계에 서다

#002

뉴욕에서 또 다른 길을 찾다

#003

피렌체에서 진짜 삶을 만나다

#004

인생에 가장 아름다운 낭만을 품다

프롤로그

위대한 것은 방향을 결정하는 것이다

내가 지금까지 살면서 후회하는 일이 딱 한 가지 있다. 바로 백혈병 투병 시절 사진 한 장을 남겨 놓지 않은 것이다. 그때는 거울을 보는 것도 피했으니 당연히 사진을 남겨 놓았을 리 만무했다. 그래도 그 당시 내 모습을 기억하기 위해 한 장이라도 남겨 놓았더라면, 내 인생에서 가장 자랑스러운 사진이 되지 않았을까 싶다. 매일 견디기 힘겨운 시간이다 보니 그 당시만 하더라도 '죽음'이라는 게 그렇게 어려운 일이 아니라고 느끼며 살았다. 하지만 그냥 죽으란 법은 없는지 항암제 치료법을 거부하고 식이요법을 통해 자연 치유로 극복했던 백혈병 투병 시절은 나에게 매우 소중한 시간이 되었다. 지금 생각해 보면 내가 미국에서 태권도 사범으로 받은 오바마 표창장보다 더 값진 경험이라고 생각한다. 그 시간은 나를 또 다른 인생의 길로 살 수 있도록 만들어 주었기 때문에 오히려 지금은 그때 그 시간에 더 감사할 따름이다. 건강은 건강할 때 지켜야 된다는 말이 있듯이, 나는 젊을 때 건강을 지켜 가며 인생을 즐길 수 있게 되었다.

내가 어떻게 백혈병을 이겨 냈는지 구구절절 늘어놓기보다는 그저 목숨을 걸고 극복한 뒤 무엇을 얻었는지에 대해 말하고 싶다. 우리는 살면서 몸과 마음이 갖는 '건강하고 행복한 삶'의 참된 의미를 각자 되새겨 볼 필요가 있다. 각자 인생에서 가장 생각하고 신경 쓰는 것이 무엇인지, 앞으로 어떤 삶을 살아가고 싶은지에 대해 나름의 계획들이 있을 것이다. 나는 회사 생활을 경험한 일이 없이 28세에 창업을 했다. 바위에 계란을 치듯 온갖 시행착오를 겪으며 살다 보니 주위 환경의 영향을 받을 때가 많았다. 물론 사업의 본질은 이익을 쟁취하는 것이지만 나는 상대방이 '돈이 되는 사업'이라고 말하는 순간 한 발짝 물러서서 다시 보게 된다. 여기서 사업을 판단하는 내 기준은 사업을 시작하기도 전에 '돈이 되는 사업'이라고 말할 수 있는 일 따윈 존재하지 않는다고 믿기 때문이다. 그런 속 편한 사업은 한순간의 이익을 맛볼 수 있을지는 몰라도 지속하기는 어렵다. 내 또래의 청년들 대다수가 추구하는 것을 보면 부인 것 같다. 그렇다고 '돈을 번다는 것'이 그러한 '노력의 결과'인 것이지 '원인'이 되어선 안 된다고 생각한다.

학창 시절부터 10년 넘게 해온 태권도를 접고 요리에 빠져 셰프의 주방에 들어갔을 때, 노동의 강도는 운동과 비슷했지만 전혀 힘들거나 괴롭지 않았다. 이탈리아에서 투어가이드 스타트업을 할 때도 돈을 많이 벌지는 못했지만 너무 행복하게 이탈리아의 분위기에 흠뻑 빠져 살았었다. 그래서인지 한국에 돌아가서도 이탈리아의 영향을 많이 받고 살고 있다. 지금도 서울 쌀국수 '미미옥' 주방에서 10시간씩 서서 육수를 뽑아내도 힘들다고 생각한 적은 단 하루도 없었다.

한겨울에 떠나는 캠핑은 준비하고 철수하는 데만 3~4시간씩 걸리는 작업이다. 그러나 힘들수록 재미있고 다닐수록 또 가고 싶은 마음이 든다. 나를 즐겁고 설레게 해주는 이런 일들이 진정 내 인생을 행복하다고 느끼게 해주는 이유일 것이다.

내가 아픈 뒤 아버지에게 어떤 이야기나 부탁을 하면 아버지의 대답은 늘 "그래"였다. 아버지는 어떤 경우에도 내가 말한 것에 "안 된다"라고 말씀하지 않으셨다. 어머니는 언제나 내 이야기를 들어주시고 긍정적으로 지켜봐 주셨다. 나는 이 책을 쓰면서 부모님의 사랑 안에서 내가 늘 머물러 있다는 생각이 절실하게 들었다. 나는 항상 내가 어떻게 하면 자랑스러운 아들이 될까를 고민했었다. 성공한 젊은 스타트업 대표, 건강하게 만들어진 조각 몸매, 아니면 대기업을 다니는 것 그 어떤 것을 상상해 봐도 부모님의 기쁨은 잠시일 것 같았다. 물론 내 인생이니 내가 하는 일이 행복하면 그만이라고 말할 수 있지만 그래도 이왕이면 부모님도 자랑스러워하는 인생을 살면 좋지 않을까 싶었다. 그래서 결국 책을 쓰기로 결심했다. 책을 쓰는 작가 아들이 되고 싶었다. 아버지는 20년 넘게 독서 모임을 하고 계시기 때문에 독서량도 매우 많고, 책에 대한 조예가 아주 깊으시다. 내가 성공한 사업가보다 저자가 되는 것이 유일하게 아들로써 인정받는 일이라고 생각했다.

글을 쓰면서 내가 아팠을 때를 다시 회상하게 되는 순간은 나에게 아주 좋은 시간이었다. 나와 비슷한 처지에 놓인 환자들도 많을 것이라 생각한다. 부디 이 책을 통해 과거에 아팠던 분들이나 지금 투병을 하고 있는 젊은이들 그리고 나와 비슷한 행복의 방향을 꿈꾸는 사람들에게 작게나마 희망이 되고 싶다. 나의 작은 날갯짓이 그들에게 삶을 스스로 일으키는 희망의 원동력이 되었으면 좋겠다. 무한한 사랑으로 언제나 큰 그늘을 만들어 주신 아버지와 어머니께 깊은 감사를 드린다. 삶의 무게를 견딘 나에게도 '그동안 사느라 애 많이 썼다'라고 오늘은 꼭 따뜻한 칭찬을 해 주고 싶다.

#001

백혈병 환자, 생과 사의 경계에 서다

중학생
태권도 선수가 되다

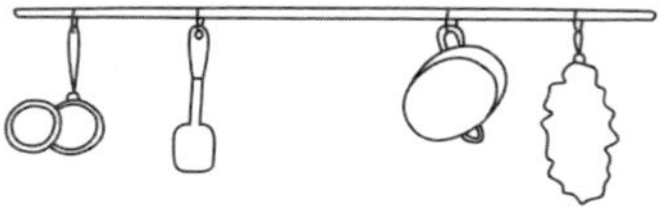

나는 평범한 중학교 학생이었다. 공부를 월등히 잘 하는 것도 아니었고, 운동신경이 뛰어난 것도 아니었다. 그러던 어느 날, 좋은 기회로 미국 보스턴에 있는 YMCA 여름학교를 가게 되었다. 사실 미국은 초등학교 때 사촌들과 샌디에이고에서 지낸 경험이 있어 미국에 가는 일이 두렵거나 긴장이 되지는 않았다. 물론 지금 생각해도 그때의 기억은 좋은 기억으로 남아 있다.

보스턴에 도착해서 한국 중년 부부의 집에서 홈스테이를 했다. 주인아저씨는 보스턴에서 꽤 큰 규모의 태권도장을 운영하고 계시는 관장님이었다. 당시 나도 태권도 1단 유단자라 반가운 마음이 컸다. 그곳에서 나는 관장님에게 내 나름대로 도움이 되고 싫어서 방과 후에 집에 오면 곧장 도장 일을 돕기 시작했다. 한국 태권도 도장만 보다가 미국에서 보는 도장은 새롭기도 하고 태권도에 대한 자부심과 애국심이 들기도 했다. 잠시였지만 도장에서 미국 수련생들과 같이 운동을 하며 이야기를 나누기도 하면서 미국에서의 태권도 사범 일을 어깨 너머로 배우는 기회도 되었다. 원래 미국에 간 목적은 YMCA 여름학교였지만 어느새 나도 모르게 태권도에 더욱 빠지게 되었다.

어느덧 시간이 흐르고 한국으로 돌아가기 며칠 전이었다. 관장님은 조용히 나를 부르시더니 뜻밖의 제안을 하셨는데 한국으로 돌아가 태권도부가 있는 학교에서 운동을 할 생각이 없느냐는 것이었다. 나는 이 말을 듣자마자 공부가 아닌 다른 것을 한다는 것에 흥미가 생겼다. 하지만 순간의 선택이 인생을 방향을 바꾸어 놓는 것이기 때문에 신중해야만 했다.

지금도 마찬가지지만 운동은 정말 죽기 살기로 매달려야만 길이 보이는 분야이다. 그런데 관장님은 수능을 보지 않더라도 대학을 갈 수 있다고 이야기해 주시면서 내가 원하면 물심양면으로 도와주신다는 말씀까지 해 주셨다.

나는 한국의 입시 경쟁에서 운동만큼 큰 경쟁력이 있는 것이 없다고 생각했다. 공부는 누구나 할 수 있지만 운동은 그렇지 않았기 때문이다. 관장님과 긴 이야기를 마치고 나도 내 나름대로의 생각을 정리한 끝에 한국에 계신 아버지에게 전화를 걸었다. 미국에 있는 중학생 아들이 먼 미래의 계획까지 세워 놓고 진로에 대해 상의하는 모습이 대견해 보이셨는지 아버지는 나의 선택을 전적으로 믿어 주셨고 도와주시기로 흔쾌히 허락하셨다.

나는 한국에 돌아오자마자 운동부에서 새롭게 학창시절을 보내게 되었다. 기회도 아주 좋아서 성남시에 위치한 풍생중학교 태권도부에 들어가게 되었다. 그 당시 풍생중고등학교는 전국에서 상위 3위 안에 들어가는 태권도 팀으로 최고의 명문이었다. 명성만큼 최고의 코치님들과 운동 시스템이 갖추어져 있었고 전국에서 유명한 선수들도 많았다.

나처럼 중학생 때 태권도를 시작하는 학생은 그만큼 드물었다. 대부분 초등학교 때부터 꾸준히 선수 생활을 하다가 중학교에 오는 경우가 일반적이었다. 그래서 내가 선수로서 빛을 보려면 남들보다 몇 배의 노력을 해야만 하는 상황이었다.

나는 중간에 전학을 갔기 때문에 선배들과 동기들의 눈치를 보면서 학교를 다녔다. 그러나 오래 시간이 걸리지 않게 자연스럽게 마음이 맞는 친구들을 사귈 수 있게 되었고 동기들과도 잘 지내게 되었다. 훈련이 힘들수록 흘리는 땀만큼이나 동기애가 커졌다.

중학교 시절은 눈 깜짝할 사이에 지나갔고 어느새 풍생고등학교로 진학을 했다. 사실 진급을 했을 뿐이지 중학생 때나 고등학생 때나 생활의 변화는 거의 없었다. 새벽 운동은 매일 아침 7시부터 시작해서 2시간 동안 체력 훈련으로 계단 뛰기, 운동장 뛰기, 줄넘기를 했고 동계 훈련 때는 남한산성을 뛰어서 완등해야 했다. 그렇게 온몸에 힘이 다 빠질 정도로 새벽 운동이 끝나면 교복도 없이 운동복 차림으로 교실에 들어가기 일쑤였다. 사실 정규 수업은 출석 일수를 위한 것이었지 점심시간 이후에는 또 본격적으로 운동이 시작되었다.

정규 운동은 오후 5시에 끝이 났고 저녁 식사 뒤에는 곧바로 야간 운동이 시작되었다. 정말 학창 시절의 기억은 오로지 운동만 한 기억밖에 없다. 학교 수업과 담임 선생님을 학년이 끝날 때까지 잘 모른 채 졸업하는 경우가 대부분이었고 메달을 따기 위해 집중을 하는 터라 내신이나 수능 공부는 할 새가 없었다.

우연히 영화 〈코치 카터〉를 본 적이 있었다. 줄거리는 고교 농구 스타플레이어 출신으로 지금은 남루한 스포츠 용품점을 운영하는 켄 카터의 이야기다. 그는 모교인 캘리포니아 주 리치몬드 고교의 농구 코치를 맡게 된다. 그는 이 가난한 동네의 학생들이 가진 뿌리 깊은 패배 의식을 씻어 내기 위해 운동과 학업 모두에서 승리할 것을 주문한다.

켄 카터의 탁월한 전술에 팀원이 잘 녹아들면서 팀은 만년 꼴

찌에서 패배를 모르는 강팀으로 변했다. 하지만 승승장구하던 농구 성적에 비해 선수들의 학교 성적이 약속한 수준에 미치지 못하자 그는 학교 농구장을 전격 폐쇄해 버린 후 그 결정에 반대하는 학부모와 교직원을 설득해 학생들의 학업 수준을 올리는 데 집중한다. 마침내 농구부 전원이 성적 향상에 성공한 후 다시 농구장에 복귀했고, 리치몬드 고교는 캘리포니아 주 챔피언 대회 결승전에 진출해 명승부를 펼치게 되지만 아쉽게 지게 된다. 그러나 리치몬드 고교의 전교생과 교직원은 농구부원들을 열렬히 환영해 주고, 농구부원 대부분이 자신들이 원하는 진로로 가게 되었다는 결말이다.

그런데 우리나라에서 운동부라고 하면 운동만 하고 수업 시간에는 잠만 자는 학생을 쉽게 연상한다. 담임 선생님 또한 운동부는 일반 학생들과 다른 길을 가는 학생들이며 그들만의 특별한 진로가 있다고 생각하기 때문에 특별히 제약을 두지 않는다. 이런 교육법 때문에 어린 나이에 운동을 시작할수록 운동만이 인생의 전부이고 메달을 하나 더 따는 것이 목표가 되는 것이다. 이런 것이 어쩌면 우리나라에서 예체능을 하는 사람들이 겪는 가장 큰 문제인 것 같다. 그때만 하더라도 말을 안 듣거나 코치나 감독 지시대로 시합을 안 뛰면 매를 들었고 이것이 선수가 성장하는 길이라고 여겼다.

요즘은 학교에서나 사회에서 체벌 금지가 일반화되었지만 그때만 하더라도 체벌이 없으면 학생들을 통제할 수 없다는 인식이 있어서 체벌이 교육으로 여겨졌다. 영화 속 켄 카터처럼 학생들에게 더 밝고 경쟁력 있는 교육 환경을 제공하는 선생님은 꿈만 같았다.

나는 고등학교 2학년에 올라가면서 내 스스로에 대해 정확한 판단을 할 수 있었다. 운동 하나에만 투자하는 것보다 다른 것도 같이 준비해야 내가 원하는 성공과 가까워질 수 있다는 결론을 내린 것이다. 운동만 하다가 결국 메달을 못 따면 아무것도 못하는 게 아닌가라는 생각에 영화 속 주인공들처럼 공부를 병행해야겠다는 생각을 했다. 야간 운동 대신 공부하는 친구들 사이에서 공부도 하고 또 반 친구들도 사귀고 싶었다. 정말 얻어터질 각오를 하고 감독님 방을 두드렸고 다행히 나의 열정과 용기를 알아주신 것인지 눈도 마주치지 못할 만큼 무서웠던 감독님이 마지못해 허락해 주셨다. 사실 학교 역사상 20년 동안 나와 같은 사례는 없었다고 한다. 그만큼 주위에서 쳐다보는 시선으로 인해 부담감도 컸다. 하지만 나를 믿고 허락해 주신 만큼 최선을 다해야겠다는 생각으로 노력을 다했다.

막상 야간 자율 학습을 시작해 보니 운동만 해도 힘들어 죽을 것 같은데 안 하던 공부까지 하려니 더 힘들 수밖에 없었다. 오전과 오후에는 숨이 턱 끝까지 차오르게 훈련을 하고, 야간에는 열심히 공부하기란 육체적으로 너무 힘들었다. 남다른 정신력이 필요했다. 동기들은 메달로 대학을 간다면 나는 수능 점수와 실기로 대학을 준비해야 했기 때문이다.

나는 밤 10시에 집에 도착해서 과외도 받으면서 할 수 있는 최선을 다했다. 무엇보다 나를 지켜보는 사람들에게 제대로 보여줘야겠다는 생각과 특히 아낌없이 나를 위해 쏟아 주시는 부모님에게 실망을 드리고 싶지 않았다. 그렇게 일 년을 운동과 학업을 병행하면서 결국 한국체육대학교 태권도학과 08학번으로 입학하게 되었다. 체육인이라면 누구나 꿈을 꾸는 학교이기 때문에 나 또한 큰 긴장감과 기대를 품고 학교를 다녔다. 하지만 결론부터 말하자면 4년 동안 다닌 대학생활을 절대 후회하진 않지만 아쉬운 점도 많았다.

개인적으로 가장 아쉬웠던 부분은 국한된 수업 내용이었다. 물론 태권도학과이기 때문에 태권도에 대한 이론과 실기를 배우는 것은 당연하지만, 조금 더 확장해서 세계적인 스포츠 시장의 흐름이나 역사에 대해 배웠다면 다양한 사고방식을 갖지 않았을까 하는 생각이 든다. 졸업을 한 뒤를 생각해 보면 내가 배운 것들이 너무 한 가지에만 쏠려 있었다는 생각이 들었다.

사실 학교 분위기는 거의 태릉선수촌과 비슷했다. 오로지 올림픽 인재 양성에 집중되어 있는 체육전문학교이다 보니 매우 삭막하고 딱딱했다. 물론 올림픽 출전 선수들이 세계적인 대회에 나가 학교의 명성을 올려 주니 덕분에 올림픽 시즌에는 학교에 대한 큰 자부심을 갖기도 했다. 하지만 우리처럼 올림픽의 길을 걷지 않고 일반적인 학생이자 선수들에게는 졸업 한 후 자기계발에 대한 고민이 필요하고 그에 따른 배움이 필요한 법인데 이런 부분들이 매우 제한적이었던 것이다. 어릴 때부터 누구나 그랬듯이 대학생활에 대한 꿈이 있을 것이다. 흔히 "대학에 가면 하고 싶은 건 다 할 수 있다"라고 하는데 고등학생 신분으로 이 이야기를 들을 때는 뻔하고 진부한 말들이지만 힘을 내게 하는 마법과도 같은 말이었다.

대학교에 처음 들어가서 마주하는 자유, 새롭게 만나게 되는 사람들, 새로운 환경에 둘러 쌓이는 모든 것들이 매일 신선하게 느껴졌다. 대학교에 가면 하고 싶은 것을 다 할 수 있다는 말에 참고 또 참으며 운동과 공부를 열심히 했지만 정작 하고 싶은 것에 대한 진지한 고민은 없었던 것 같다. 그래서 운동부 때처럼 똑같은 일상의 반복이 아닌 최대한 다양하고 많은 경험을 하고 싶었다. 그래서 돈보다 경험 위주의 아르바이트를 많이 하러 다녔다. 예식장 서빙, 발렛 파킹, 사극 드라마 단역 오디션, 주방 잡일 등 젊음을 최대한 즐겼다. 그리고 대학교의 꽃인 축제 시즌이 오면 항상 새로운 것을 기획하고 적극적으로 준비했다.

한국체육대학교는 축제도 매우 재미없기로 소문이 자자했다. 학생들 대부분이 운동에 매진하느라 축제는 뒷전이기 때문이다. 우리 태권도학과도 마찬가지였다. 축제 기간은 마치 공휴일처럼 인식되어 있었다. 축제에 대한 인식 자체가 다른 대학교보다 매우 소극적이었다.

나는 학과 분위기가 그렇다고 해서 누구나 똑같이 생각할 필요는 없다고 생각했기 때문에 나와 생각이 맞는 동기와 후배들을 중심으로 '세븐 트러블 키즈'라는 태권 동작을 활용한 댄스 팀을 만들었다. '세븐 트러블 키즈'는 유행하는 음악에 맞춰 태권 동작을 응용한 댄스를 했는데 그때 우리나라에서 가장 잘나가는 팝핀 댄서 'A.K.A KIN'이라는 댄서를 찾아가 우리의 활동을 보여 주기도 했다. 다행히 운이 좋게 우리를 잘 봐준 덕분에 함께 스트리트 댄스 대회에도 나가게 되었고, 타 대학교 축제에도 초청받아 공연을 하면서 대학교의 낭만을 만들어 나갔다.

지금 돌이켜 생각해 보면 학교의 분위기와 달리 참 우리끼리 재미있게 다닌 것 같다. 대학교에 다니면서 할 수 있는 최대한을 경험을 누리면서 후회 없는 생활을 한 것 같아 뿌듯했다. 항상 좋은 기억을 만드는 것은 그 다음 일을 해 나가는 좋은 원동력이자 발판이 되는 것 같다.

어느 날
갑자기 찾아온 백혈병

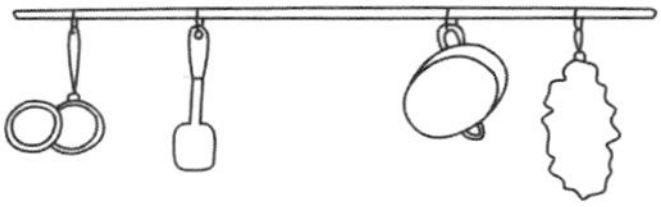

2008년 5월, 어버이날을 맞이하여 효자가 되고 싶음 마음에 그동안 모은 돈으로 부모님께 여행 선물을 하기로 했다. 20살이 되니 나도 효자 노릇을 하고 싶었나 보다. 들뜬 마음으로 부모님도 여행을 떠나셨다. 그러나 이 뿌듯함도 잠시 혼자 집에 있는데 갑자기 고열이 나기 시작했다. '아 이번엔 지독한 감기에 걸렸구나'라고 생각하며 혼자 동네 병원으로 가서 진단을 받는데 의사의 표정이 심상치 않았다. 물론 아무 일 없겠지 생각하면서도 괜히 불안했다. 의사는 나에게 큰 병원을 가 보는 것이 좋겠다고 이야기를 하면서도 이유는 말을 못하는 것이었다. 부모님이 계시지 않는 상황에서 불덩어리 같은 몸을 이끌고 종합병원을 찾아

검사를 받으며 병실에 누워 있었다. 부모님은 이 소식을 듣고 여행을 마치시기도 전에 곧바로 내가 있는 병원에 찾아오셨다. 장시간 해열제를 맞으며 잠에서 깨어 보니 부모님과 의사가 보였다. 그런데 무슨 이야기를 나누는지 매우 우울하고 심각해 보이는 표정이었다. 곧 의사는 나에게 "급성 림프종 백혈병입니다"라는 말을 했다.

나는 순간 림프종이 뭔지는 잘 몰랐지만 백혈병은 어릴 때부터 〈병원 24시〉 같은 방송 프로그램을 통해 죽을 수도 있는 병이라는 것은 알고 있었다. 의사는 아직 상황 파악조차 되지 않은 나에게 아무렇지 않다는 듯이 항암 치료, 골수 검사, 백혈구와 적혈구 수치 등 알아야 할 것들을 최대한 열심히 설명을 해 주었다. 나는 멍하니 그저 고개만 끄덕일 수밖에 없었다. 하루아침에 영문도 모른 채 병실에 꼼짝없이 누워 천장만 바라보게 된 내 신세가 정말 이해 불가였다. 나는 의사가 말했던 내 병명에 대해 조심스럽게 인터넷으로 찾아봤다. 사실 많이 두려워하며 찾았던 기억이 난다. 괜히 열심히 찾아보다가 보고 잊을 수 없는 죽음에 대한 두려운 글이라도 볼까봐 무서웠던 것이다. 그래도 일단 잘 알고는 있어야겠다고 생각했다.

나는 급성 림프구성 백혈병 판정을 받았다. 백혈병은 림프구계 백혈구가 악성 세포로 변하여 골수에서 증식하고 말초 혈액으로 퍼지는데 간, 비장, 림프계, 대뇌, 소뇌, 척수 등을 침범하는 일종의 혈액암이라고 한다. 혈액 또는 골수 속에 종양 세포(백혈병 세포)가 생기는 질병인데, 경과에 따라 급성 백혈병과 만성 백혈병으로 구분한다. 또한 세포의 종류에 따라 급성 골수성 백혈병(급성 비림프구성 백혈병)과 급성 림프구성 백혈병으로 나뉘는데 나는 그중에 림프구성 백혈병이라고 한다. 대개 골수나 말초 혈액에 림프아세포가 20퍼센트 이상 차지하는 경우를 림프구성 백혈병이다.

아마 골수 검사가 무엇인지 대부분의 사람들은 잘 알지 못할 것이다. 골수 검사는 조혈기관인 골수를 채취하여 검사하는 진단 검사 방법 중 하나로 혈액학적 질환 및 조혈기관에 미친 영향을 평가하는 중요한 검사이다. 골수 검사에는 흡인과 생검 두 가지 방법이 있는데, '흡인'은 골수에 있는 조혈세포를 흡인하여 검사하는 것이고, '생검'은 피질골이 둘러싼 잔가지골 사이의 조혈공간을 직접 채취하는 검사이다. 사실 어른들도 매우 무서워하는 통증이 매우 센 검사 중 하나이다. 주로 백혈병 등 혈액 종양 질환의 진단 목적으로 실시된다. 사실 이렇게 자세히 찾아보면 볼수록 우울해질 뿐이었다. 내가 내 병을 이기려고 무언가 노력을 한다는 것은 굉장히 대단한 정신력이 필요했다.

2008년 7월은 가장 독하다는 1차 항암 치료제를 맞는 날이었다. 1차 항암 치료는 치료를 시작한 3일과 4일째에 주사 2개를 번

갈아 가며 총 7일 동안 독한 약물을 몸 안으로 투여한다. 분명 항암 치료를 받기 전에는 내가 아픈 게 맞나? 싶을 정도로 아무렇지 않았는데 1차 항암제가 몸속에 들어오는 순간 온몸에 힘이 빠지면서 무기력해졌다.

'아 내가 정말 혈액암 환자가 되었구나.'

갑자기 머리가 온통 하얘지면서 많은 생각이 들었다. 처음으로 내가 죽을 수 있다는 죽음에 대한 공포를 느끼며 정말 텔레비전에서나 보았던 암 투병을 내가 죽기 살기로 해야 하는 것인지 하는 무서운 생각이 들었다. 하지만 항암 치료는 현대 의학에서 만든 부작용을 당연시 여기고 원인도 모른 채 무작정 약물을 투여하는 잔인한 치료법이었다. 부작용으로 구토, 오심, 무기력, 탈모, 식욕 감퇴, 구내염 등 다양한 부작용에 시달려야 했는데 의사는 이것을 당연히 오는 과정처럼 이야기해 주었다. 그런데 사실 부작용이라는 말은 말 그대로 치료가 제대로 되지 않았을 때 일어나는 증상인데 병원에서는 마치 이러한 부작용을 당연한 것처럼 받아들이라고 말하는 것이 참 이상했다. 항암제를 맞으면 일단 탈모와 무기력함은 누구에게나 오는 아주 일반적인 부작용이다. 그런데 나는 항암제를 맞고 나서 3일이 지나도 신기하게 머리가 안 빠지는 것이었다. 그래서 내심 나에게만은 이례적인 일이 일어나기를 바랐고 끊임없이 기도했다. 하지만 꿈 같은 기적은 일어나지 않았다. 며칠이 지나니 아니나 다를까 다음 날 자고 일어난 하얀 베개 위에 머리카락이 한 움큼씩 뽑혀 있었다. 그리고 머리를 쓰다듬을 때마다 털 뭉치처럼 뽑혀 나오기 시작했다. 이 상태로 머리채라도 잡힌다면 당장이라도 민머리가 될 것 같은 느낌이었다. 머리카락이 정말 빠지기 시작한 것이었다. 하루가 멀다 할 정도로 우수수 빠졌고 결국 난 민머리가 되었다. 거울 속에 비친 내 모습은 믿고 싶지 않을 정도로 쇠약해져 있었고 초라하기 짝이 없었다. 팔굽혀펴기는 두 개도 못하고 쓰러졌고, 걸어 다닐 때도 앙상한 나무가 된 느낌이었다.

일주일 동안 항암제를 다 맞고 나면 가장 중요한 골수 검사가 남았다. 골수 검사를 통해 추가 항암제가 필요한지를 결정하기 위해서다. 안 하는 경우도 보통 있지만 확실하게 암세포를 죽이기 위해 대부분 하게 된다. 사실 1차 항암 치료는 아프다기보다는 구토와 어지러움 증으로 힘들었다. 하지만 골수 검사는 차원이 다른 치료였다. 성인도 울고불고 한다는 강도가 매우 센 검사였는데 먼저 진통제를 투여했다. 그리고 정신이 몽롱해지면서 몸에 힘이 빠진다. 그 뒤 의사가 주사를 놓기 전 골반뼈를 손으로 눌러 보는데 너무 긴장을 한 나머지 그것마저도 아프게 느껴졌다.

"극소 마취제 들어 갈게요."

간호사가 마취제를 넣자마자 나도 모르게 두 눈을 꼭 감고 침상을 부여잡았다. 그 당시 내 기억으로는 바로 옆에서 아버지가 내 손을 꽉 붙잡고 있었는데 그 순간은 정말 아버지와 교감하는 순간이었다.

"시작할게요."

얼마 후 간호사가 신호를 주자마자 긴 바늘이 내 골반 깊숙한 곳에 끝까지 들어오는 느낌이 들었다. 허벅지부터 발끝까지 저리기 시작하면서 말로 할 수 없는 묵직한 고통이었다. 정말 말로 하기 힘들 만큼 처음 겪어 보는 통증이었다. 너무 아파서 소리를 지르고 싶었지만 내 옆에서 나를 붙잡고 있는 아버지가 있어서 이를 악 물고 그 고통을 참아 내야만 했다. 다행히 나는 끝까지 신음소리 한 번 없이 눈물 한 방울 흘리지 않고 잘 참아 냈다. 그리고 아무렇지 않는 표정 연기를 시작했다. 내 나름대로 성공한 것이다. 아버지 역시 내가 잘 참는 것을 보면서 대견해 하셨다. 나는 이것만으로 충분히 내 역할은 다한 것이라고 생각했다. 여기서 내가 할 수 있는 것이라고는 아프지 않은 척 하는 것이었기 때문이다. 가족을 위해 아무렇지 않은 척을 하다가도 맛이라고는 없는 무균식 병원 밥을 먹을 때면 도대체 왜 내가 이렇게 되었을까라는 생각이 들기 시작했다. 꿈이라면 아주 지독한 악몽이었다. 그래도 억지라도 웃으려고 노력했다. 내가 울어 버리면 나를 위해 모든 걸 다 던진 부모님의 마음이 더 걱정되었기 때문이다. 그래서 가족 앞에서 최대한 태연하게 행동했다. 어차피 이 고통은 내가 짊어져야 했기 때문이다.

1차 항암제가 투여된 지 일주일이 흘렀다. 일주일간의 지독한 항암 치료가 끝나면 항암 독성기가 있다. 이 시기는 몸에 들어온 항암제가 몸에 있는 암세포와 정상 세포를 모두 전멸시켜 버리는 기간이다. 나는 항암제를 맞은 이후로 거의 매일 피검사를 했는데 백혈구, 적혈구, 호중구, 혈소판 수치가 비정상적으로 모두 떨어졌다. 호중구는 백혈구의 원동력인데 호중구 수치는 거의 0에 가깝게 되면서 백혈구가 있어도 원동력이 없으니 백혈구 또한 아무 소용이 없게 되는 것이다. 말 그대로 내몸 속에 면역력 기능이 아예 없다고 생각하면 된다.

당시 나는 종합병원 8층 무균실에 누워 있었다. 이 기간 동안에는 그냥 아무것도 못하고 무균 상태로 누워 있는 것이 가장 안전하다고 한다. 호중구가 바닥이 나면 감염이 안 되도 열이 심하게 날 수도 있기 때문에 모든 병과 감염에 매우 조심해야 한다. 호중구뿐만 아니라 적혈구와 혈소판도 굉장히 중요하다. 백혈병으로 인해 정상적인 백혈구, 적혈구, 혈소판이 감소하게 되면 면역력 저하로 패혈증을 겪을 수도 있고, 빈혈로 인해 출혈 경향도 생길 수 있다. 다른 암들과 달리 혈액암은 암세포가 혈액을 타고 전신을 돌아다니기 때문에 일반적인 암처럼 발병 부위를 절제하는 수술처럼 간단하지 않다. 심지어 우리 몸에 공생하던 균이나 좋다는 유산균도 병을 일으킬 수도 있다. 그래서 무균실의 생명은 위생이다. 외부로부터 들어오는 작은 균들도 다 막아 내야 한다. 하루에 수십 번씩 손을 씻어야 하고 입으로 들어가는 모든 음식은 전부 삶아서 먹어야 했다.

독성기가 지나가면 이제는 백혈구 촉진제를 맞을 시간이다. 쉽게 말해, 적을 물리치고 우리를 도와줄 아군을 몸속으로 들여보내는 것이다. 양팔을 번갈아 가며 맞는 간단한 주사이다. 촉진제를 맞으면 호중구와 백혈구가 상승하는 것을 도와주는데 바로 반응이 오지는 않지만 시간이 지날수록 조금씩 호중구가 올라가고 면역력이 생기기 시작한다. 이때만 생각하면 마치 죽다 살아난 듯한 기분이었다. 단순히 호중구 수치가 조금 오르는 것뿐이었지만 한줄기의 희망 같은 숫자였다. 그렇다고 절대 안심할 정도는 아니다. 또 언제 어떻게 될지 모르기 때문에 항상 긴장 상태를 유지해야 했다. 그렇게 지옥 같은 1차 항암 기간이 지나니 내 몸무게는 70킬로그램에서 58킬로그램까지 떨어졌다. 탄탄한 근육질의 몸이 앙상한 나뭇가지처럼 말라 버렸다. 10년간의 운동선수로 다져온 몸이 한순간에 무너졌다. 사실 한창 활발하게 뛰어다닐 20대 청년이 이겨 내기에는 매우 고통스러운 시간들이었다. 그래도 나는 끊임없이 기도하며 빨리 이 모든 것들을 이겨 내야지 하는 생각밖에는 없었다.

오진이라고 끝까지 믿어 버리기로 했다

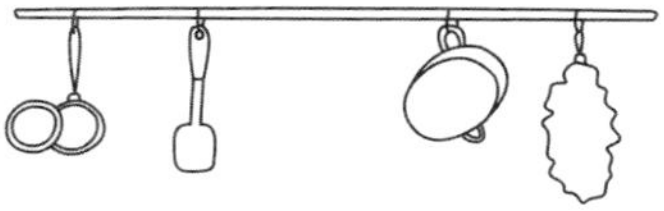

나의 어릴 때 기억 속에서도 아버지는 늘 책을 읽으셨다. 그래서 집이나 사무실에는 항상 책이 많았고, 독서 모임도 운영하실 정도로 책에 대한 열정과 조예도 매우 깊으셨다. 그래서 다양한 분야에 박식하셨고, 항상 좋은 말씀을 많이 해 주셨다. 지금도 가끔 대화를 하다 보면 뇌리에 박히는 말씀을 많이 해 주신다.
암 판정이 났음에도 불구하고 부모님은 이 사실이 믿겨지지 않아 대한민국에서 잘나간다는 의사들을 찾아다니셨다. 결국 현대의학에서 못 고친다면 한의학에서도 찾아봐야 한다며 전국을 돌아다니셨다. 그러나 내 병에 대한 정확한 원인은 어디에서도 얻지 못하셨다.

'도대체 병의 원인을 모른다면 어떻게 치료를 한다는 말인가?' 라며 아버지는 본격적으로 백혈병과 관련한 모든 책을 다 정독하기 시작하셨다. 백혈병과 관련된 대표적인 책들이 여러 권이 있었는데 그중에는 양의학 의사와 한의학 의사가 자신들의 의학 지식을 놓고 각자 주장하고 있었다. 독자 입장에서는 여러 권을 동시에 읽게 된다면 마치 양의학과 한의학의 논쟁으로 보일 수도 있었다. 그렇다면 어떤 책을 읽고 누구 말을 믿어야 하는 것인지는 본인 스스로의 판단에 달린 것이었다.

나에게도 판단할 시기가 온 것이었다. 내가 1차 항암 치료를 하는 동안 보름 가까이 책만 보신 아버지가 "아빠 생각에는 이건 오진이 분명하다. 이 상태에서 항암제를 더 맞으면 사는 것이 아니라 죽는 거야. 식이요법으로 자연 치유해 보자. 너 생각은 어때?"라며 제안을 하셨다. 나는 이미 내가 이런 역경을 겪고 있는데 갑자기 의사가 오진이라고 하면 기분이 어떨지 생각해 보았다. 이미 거울 속에 비친 내 모습은 민머리에 핼쑥해진 얼굴뿐이었다. 그런데 아버지의 제안이 그다지 고민스럽지 않았다. 식이요법이 무엇인지 잘 몰랐지만 그저 이 병실만 탈출할 수 있다면 오히려 살 수 있을 것만 같았다.

백혈병의 근본적인 원인을 정확하게 아는 의사는 아직까지 없다고 한다. 그런데 누군가는 이 병은 현대 의학이 만들어 낸 현대의 병이라고 한다. 아직 현대 의학에서도 원인을 모르니 민첩한 치료법 또한 없는 게 당연하다. 아직까지 한국 의학 기술이나 학술은 대부분 미국 논문에서 많이 보고 배운다고 한다. 하지만 미국인의 체질과 한국인의 체질은 엄연히 다르기 때문에 같은 약을 투여했을 때 그 반응은 명백히 다를 것이다. 하지만 백혈병의 원인은 미국 의학에서도 아직 못 찾았기 때문에 현재까지 병의 원인도 모른 채 부작용이 가득한 독한 항암제를 환자 몸속으로 넣는 것이다. 그리고 최대 6차까지 항암제를 투입하면서 나쁜 세포를 죽이기 위해 고군분투하는 동안 환자의 몸은 회복 불가능할 정도로 악화되어 버린다. 마치 전쟁터에서 적진에 아군도 많은데 폭격기로 적진을 아군과 함께 아예 없애 버리는 것과 같다. 그러면 물론 나쁜 세포만 몰살시키는 것이 아니라 좋은 세포까지 몰살시키는 것이다. 이것이 최고의 현대 의학이 할 수 있는 치료 수준인 것이다. 내가 보았을 때 이것은 마치 복불복에 가까운 수준의 확률과 같았다. 치료가 잘 들어서 신체 반응이 좋으면 사는 것이고 아니면 죽는 것이다. 나는 분명 남들과 똑같이 치료를 받아서는 살아남을 확률 또한 남들과 똑같다고 생각했다.

마리 퀴리 부인은 백혈병이 생기는 원인이 방사선을 많이 쬐어 골수가 망가져서 걸리는 병이라고 했다. 즉, 우리가 일상에서 감기에 걸리고 고열이 지속되면 가장 먼저 하는 일이 해열진통제를 몸속으로 투여한다. 그런데 고열이 지속되는 상황에서 해열진통제를 마구 넣으면 간 기능 저하와 장기 부전에 빠지게 된다. 그 가운데 골수가 부전에 빠지면 백혈구 생산을 할 수 없게 된다. 그리고 수치는 바닥으로 떨어지게 되는데 보통 이 순간 병원에서 우리는 피검사를 하게 된다. 그러면 일시적으로 떨어진 수치를 검사한 병원은 백혈병을 진단할 수밖에 없다. 이 기간이 정확히 일주일 안에 한 사람의 운명을 뒤집어 놓게 된다. 비극은 여기서부터 시작되는 것이다. 이제부터 환자는 의사의 모든 말에 동의하고 수용하게 된다.

1차 항암 시기가 끝날 무렵 아빠가 아주 조심스럽게 내 옆으로 와서 책 한 권을 보여 주며 설명하셨다. 책은 김성동 저자의 《감기에서 백혈병까지의 비밀》이라는 책이었다. 일단 제목부터 심상치 않았다. 감기와 백혈병이 도대체 무슨 연관이 있길래 이렇게 두꺼운 책까지 나왔을까? 결론적으로 이 책이 나에게 내린 진단은 '오진'이었다. 나보고 오진이라고 말해 준 유일무이한 생명의 은인 같은 책이었다. 아버지는 이 책을 읽고 내 병은 분명 오진이라고 확신하시고 나에게 이해하기 쉽게 설명해 주셨다.

'인체는 감기로 1도 화상을 입고 해열진통제로 3도 화상을 입는다.'

찬바람에 오래 노출되어 땀구멍이 닫히게 되면서 인체는 오한발열(피부에 닿는 공기는 차가워 춥다고 느끼는 반면 땀구멍이 닫히면서 몸 안에 열이 쌓여 체온은 오히려 오르는 현상) 증상이 나타나는데 이때가 바로 '감기'에 걸린 상황이다. 이 상황이 3~4일 정도만 지속되어도 열로 꽉 차게 된 인체는 열에 취약한 부분부터 차례로 화상을 입게 되는데 그것이 폐렴, 신장염, 간염 등이다. 인체는 오한으로 열이 발산되지 않아서 생긴 화상 정도는 일정 기간 자연 치유 프로그램을 가동시켜 자신도 모르는 사이에 원상으로 회복시켜 놓을 만큼 훌륭한 생명력을 보유하고 있다.

자연 치유 시스템은 밤새 집안일을 모두 마치고 새벽녘에 항아리 속으로 자취를 감취는 우렁각시다. 그런데 현대 의학이 그토록 선호하여 즐겨 사용하는 해열진통제와 냉각해열법이 밤샘도 마다 않고 우리 몸을 돌봐 주던 우렁각시의 손과 발을 모두 묶어 버리는 셈이다. 해열진통제와 알코올 마사지의 개입으로 자연 치유가 정지되면서 1도 화상으로 그칠 장기의 염증은 골수의 3도 화상에 이르게 되고 현대 의학이 만들어 낸 백혈병이라는 가공의 블랙홀 속으로 편도 여행을 떠나게 된다. 오한 발열로 출발한 감기가 해열진통제를 안장에 얹고 기세등등한 화마로 바뀌어 골수 기능마저 저하시키고 백혈병이란 깃발을 우리 몸 깊숙이 꽂는 것이다.

나는 이 책을 다 읽고 그냥 이 책에서 하는 말 그대로 믿어 버리기로 했다. 사실 이 책에서 말하는 모든 내용이 제발 사실이길 바라는 내 마음이 그만큼 컸다. 설령 사실이 아니라고 해도 이 책 그대로 믿고 싶었다. 그러나 나의 내일이 어떻게 될지도 모르는 상황에서 느긋하게 책만 읽으며 내 병이 낫기를 바라는 것은 정말 쉽지 않았다. 지금 당장이라도 어떠한 물리적 치료를 받아야 내 병이 사라지는 것 같았기 때문이다. 누구나 내 몸의 적신호가 오면 두려움이 커지면서 많은 생각에 빠진다. 가장 안 좋은 상황까지 생각하면서 자신을 스스로 바닥까지 끌고 내려가기 때문에 마음의 여유라고는 없게 된 채 예민해지게 된다. 하지만 아버지가 가져다 준 이 책이야 말로 내게는 큰 행운이 아닐 수 없었다.

세상에는 다양하고 그럴싸한 논리가 무궁무진하게 존재한다. 그리고 그것을 어떻게 받아들이느냐에 따라 결과는 천지 차이가 될 수도 있다. 나는 이 책을 읽고 백혈병을 혈액암이라고 듣고 독감이라고 말할 수 있게 되었다. 마음의 여유가 생기니 나무보다 숲을 볼 수 있는 능력이 생겼다. 병원 의사가 말하는 것이 100퍼센트 진실이 아닐 수도 있다는 생각이 들면서 다양한 가능성을 생각하게 되었다. 나는 내가 혈액암 환자가 아닌 그저 지독한 감기에 걸린 것이라고 생각했고 이 생각이 오히려 나를 살릴 수 있을 것 같은 희망에 찼다. 여기서 나뿐만 아니라 많은 암 환자들도 그럴 것이다. 모든 결정은 결국 스스로 하는 것이고 그 결정에 대한 책임도 스스로 져야 한다. 내가 무너지면 주변에서 어떠한 도움을 줘도 무의미해진다. 물론 앞날이 막막하고 자포자기해질 수 있다. 물론 나도 그러려고 했다. 누구의 말도 믿기 힘든 시기일 것이다. 다 맞는 말처럼 들리고 다 틀린 말처럼 들린다. 그 중간에 서서 나는 내 목숨과 바꿀 결정을 해야만 했다. 나는 병원의 결정을 믿지 않고 뛰쳐나오기로 결정했기 때문에 이제는 내가 책임지고 내 몸을 완쾌시켜야 했다. 이때 가장 필요한 것은 내가 현재 어떤 생각을 하면서 사는지가 가장 중요하다. 책에서 수없이 읽었던 '내 머릿속에 긍정의 힘'이 유일한 나의 믿음이 되었다.

음식으로 못 고치는 병은 약으로도 못 고친다

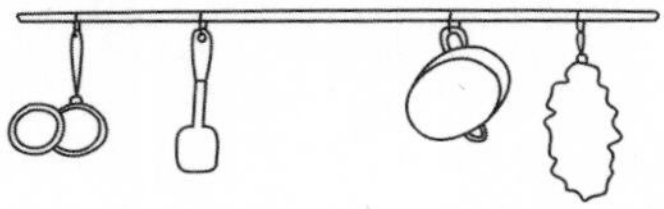

현대인에게 암이라는 것은 정말 무서운 단어 중 하나이다. 모두가 건강의 마지막 단계라고 생각하는 것이 암이라 생각하니 말이다. 어떤 질병이든 '건강이 최고다!'라는 말의 가장 큰 적군이라고 할 수 있다. 나도 투병을 하기 전에는 암이라고 하면 무조건 죽는 병인 줄 알았다. 그만큼 질병에 대한 지식이 없었다.

암 환자 5년 생존율에 대한 암의 화학 요법 기여도를 보면 생존율은 겨우 2퍼센트 정도다. 여기서 치료 효과가 좋은 소아암, 고환암과 호지킨성 암 종은 예외이다. 그러나 우리가 흔히 듣는 대장암, 폐암, 유방암, 전립선암과 같은 암을 살펴보면 그 생존율은 거의 1퍼센트에 불과하다. 이 말은 대부분의 암 환자가 의사

말만 믿고 화학요법으로 치료해서 생존할 확률은 100명 중 1명과 같다는 것이다. 하지만 의사들은 환자에게 이 사실을 제일 먼저 말하지도 않고 책임지려고 하지 않는다. 왜냐하면 그들도 불확실한 이론이라는 것을 어느 정도는 알고 있지만 더 뾰족한 의학 치료법도 없고 연구하지 못했기 때문이다. 그래서 의사들도 확신을 갖고 말하지 않는다. 절대 의사들은 환자에게 책임진다는 말을 하지 않는다. 그만큼 치료에 대한 확신이 부족한 셈이다.

환자나 가족들에게 항암 치료 약물은 당연히 유일한 해결책이며 당장 중요하고 유일한 돌파구라고 생각한다. 하지만 점점 시간이 지날수록 눈앞에서 고통스러워하는 환자를 보고 있으면 자연스럽게 거부감이 든다. 내 개인적은 생각은 항암제라는 것은 환자가 느끼는 통증과 종양, 암 덩어리에 의한 압박감을 덜어 줄 수 있지만 환자가 건강하게 병을 이겨내는 데에는 전혀 도움이 안 된다.

당시 나에게 둘러싼 수많은 현대 의학에 대한 부정적 견해를 말끔히 씻어 내려 준 은인 같은 분이 있다. 바로 자연 치유와 식이요법을 한평생 연구하신 이비엠 센터EBM Center의 허봉수 원장님을 인연처럼 만났다. 사실 부모님은 오래 전부터 원장님을 통해 자연 치유에 대해 자주 이야기를 듣고 있었지만 나는 이 병을 얻고 처음 뵙게 되었다.

1차 항암 치료가 끝나고 2차를 맞아야 하나 아니면 병원을 탈출하고 자연 치유를 해야 되나라고 고민하는 시기에 운명처럼 만난 것이다. 나를 보자마자 원장님은 백혈병은 독한 감기와 다를 게 없다면서 더 이상 병원에 누워 있어서는 안 되고, 나와서 체질에 맞는 음식을 먹으면서 생활 습관도 고치며 치료해야 오래 건강하게 살 수 있다고 하셨다. 확신에 찬 그 눈빛은 아직도 잊을 수가 없다. 처음으로 누군가가 나에 대한 병을 이야기해 주며 나을 수 있다는 위로와 확신을 심어 준 일이었다.

허봉수 원장님은 내가 병원에서 치료받은 기록지를 보자마자 오진이라고 확신하셨다. 누구나 독한 감기가 걸려서 열이 심하게 났을 때 골수 검사를 하게 되면 대부분 백혈병 진단이 나온다고 하셨다. 앞서 책에서 이야기했던 백혈병의 비밀에 대해서 원장님도 똑같이 이야기하시는 걸 듣고, 나는 너무 기뻤고 살 수 있다는 희망과 자신감이 들었다. 사실 겉과 달리 속으로는 아주 조금의 불안함은 없을 수 없었다. 병원에서는 나가면 한 달 안에 죽는다고 수차례 말했기 때문이다. 참 복잡하고 울고 싶었다. 갈피를 못 잡고 있는 나를 원장님은 간파하셨는지 끝까지 나에게 설명하고 설득하려고 노력하셨다.

'누가 스쳐 지나가는 환자에게 이렇게 공을 들이며 설득하겠는가.'

환자를 위해 열정과 정성을 쏟을 의사를 만난 것으로 이미 병은 치유되는 것만 같았다.

원장님은 초지일관 하나만 말씀 하셨다. 밥으로 못 고치는 병은 약물로도 못 고친다. 100세 시대는 이미 눈앞으로 다가왔다. 그것이 의학의 발전과 더불어 다양한 신약의 개발로 가능해졌냐고 묻는다면 대부분의 사람들이 "그렇다"라고 대답한다. 하지만 그로써 우리가 건강하게 삶의 영위하고 있냐고 묻는다면 많은 사람들은 "아니요"라고 말한다. 이미 많은 사람들이 약은 더 이상 약이 될 수 없다는 사실을 스스로 느끼고 있기 때문이다. 이 부분에서 허봉수 원장님은 약물 오남용에 대해 논쟁하고 있는 유일한 분이라고 할 수 있다. 무조건 병원에 가서 약을 먹기 전에 우리가 매일 먹는 밥상부터 점검해 봐야 한다.

원장님은 오직 '생태섭생영양연구'를 위해 1980년 21세 때부터 자신의 인생을 바쳐 식물에 대한 연구를 깊게 하셨다. 습하고 웅달진 밭에서 자란 무와 배추가 일조량과 물 등의 환경에 의해 변화되는 모습을 관찰하면서 같은 조건 안에서 무는 잘 자라는데 배추는 그렇지 못한지에 대해 의문을 품게 되었다고 한다. 그는 이 의문을 풀기 위해 본격적인 연구에 돌입하게 되었고 무와 배추가 가진 잎의 생김새와 유전체의 특성이 이 같은 변화를 일으켰음을 발견하게 되었다. 즉 잎사귀가 넓은 것은 태양을 좋아하고, 잎사귀가 좁은 것은 빛을 덜 좋아하는 각자의 특성을 지닌 '식물의 건강 조건'을 터득하신 것이다. 이후 원장님의 연구는 우리나라를 너머 전 세계적인 이목을 집중시킨 '생태균형의학ecologically balanced medicine, EBM 치유법'으로 발전하게 되었다.

나는 이런 대단한 분을 모시고 자연 치유로 백혈병을 이기기로 다짐했다. 곧이어 혹독한 식이요법에 돌입했다. 그 당시 내 나이는 스무 살이었다. 힘들게 운동과 학업을 병행해서 입학한 한국체육대학교는 들어가자마자 거의 못 나갔다. 아니 나갈 수가 없었다. 일단 민머리로 학교에 가면 누가 봐도 백혈병 환자라고 생각했기 때문이다. 초반에 몇 번 비니나 모자를 쓰고 힙합을 좋아하는 사람처럼 꾸미고 나가보기도 했지만 스스로 자존감이 낮아져 다닐 수가 없었다. 결국 학교는 거의 못 가고 집에서 식이요법을 통한 본격적인 자연 치유를 시작했다.

먼저 허봉수 원장님이 운영하는 섭생연구센터에서 검사 결과로 나온 '나에게 맞는 체질 식단'을 정확히 숙지해야 했다. 나에게 맞는 음식을 알아야 가려 먹을 수가 있기 때문이다. 고기는 대표적으로 소와 돼지는 맞지 않았고, 닭과 오리, 양, 민물 장어가 나에게 맞는 고기였다. 나는 소고기 육수로 만든 냉면조차 먹지 않았다. 야채는 잎사귀가 넓지 않고 좁은 채소들이 나에게 맞았다. 예를 들어 배추김치 대신 총각김치나 갓김치 같은 것들이었다. 체질에 맞는 식이요법이란 알면 알수록 매우 과학적이었다. 물 마시는 것도 많이 마시면 좋긴 하지만 시간대가 안 맞으면 그

것 또한 독이 될 수 있다. 식사 중에 물을 마시는 것은 소화 기능에 좋지 않다. 이렇게 엄격하게 규칙적인 생활을 목숨 걸고 했다. 사실 항암 치료보다 쉬울 것이라는 기대가 있었는데 막상 시작해 보니 전혀 그렇지 않았다. 입에 들어가는 음식이 목숨과 연결되는 느낌이라 뭐든지 정신 차리고 확인하고 먹어야만 했다. 그 당시 먹지 말아야 할 소고기와 돼지고기를 먹으면 금방이라도 병이 악화되는 줄 알았고, 술이나 담배는 쳐다보는 것만으로도 수명이 단축되는 듯한 강박에 시달렸다. 그만큼 입으로 들어가는 모든 것에 예민해져 있었다. 일단 가장 중요한 것은 나에게 맞는 야채와 과실을 갈아 먹지 않고 즙을 짜낸 녹즙을 매일 3컵 이상씩 마셨다. 녹즙은 아침, 점심, 저녁 거의 일정한 시간에 맞춰 마셨고, 한 번이라도 거르면 큰일 나는 줄 알았다. 먹고 싶은 음식을 못 먹고 참는 것은 정말 인간이 느끼는 최악의 고통 중에 하나일 것이다. 특히 나처럼 먹는 걸 좋아하는 사람에겐 더더욱 크게 작용한다. 숯불에 구운 고기를 싱싱한 채소에 싸 먹고 갓 지은 밥에 된장찌개 한 입 먹는 것이 얼마나 행복한 일인가.

한국 사람이라면 무조건 느낄 수 있는 소소한 행복이다. 그런데 이제 그런 것도 못한다고 생각하니 그냥 멍해졌다. 수많은 유혹이 하루에도 몇 번씩 찾아왔다. 예전 같으면 친구들이랑 맛있는 것을 먹으면서 술도 한 잔 기울이며 시시콜콜한 수다를 떨며 하루를 보냈을 텐데 말이다. 그때 내 상황을 모르는 친구들은 더욱 나를 만나기 힘들어졌고, 그렇다고 모든 사실을 알고 있는 친구들 또한 만나더라도 내 식단에 한계가 있으니 맘껏 즐기지 못했다. 나로써 할 수 있는 것은 오로지 빠른 쾌유뿐이었다.

결국 큰 각오 끝에 유혹이 없는 강원도 대흥사라는 절에 들어가기로 마음을 먹었다. 뭔가 좀 더 내 스스로 혹독한 환경이 필요했다. 정말 산골짜기에 위치한 고요한 작은 절이었다. 평소 어머니와 잘 아시는 스님의 도움으로 초가집 비슷한 작은 집에 혼자 지낼 수 있게 되었다. 서울에 있으면 연말의 정신없는 분위기가 오히려 나를 더 힘들게 할 것 같아서 미리 도망을 친 셈이었다. 절에서 할 수 있는 것이라고는 오직 기도와 청소뿐이었다. 하지만 나에게는 이렇게 단조로운 생활이 매우 필요했다. 그래야 식단 조절에 집중할 수 있었기 때문이었다.

절에 왔으니 스님의 하루 일과 대로 똑같이 따라 했다. 새벽 5시 기상해서 녹즙부터 내려 마시고 새벽 기도를 했다. 그리고 아침 7시쯤 아침 공양을 하고 밥은 나물 반찬으로 먹었다. 절에서 주는 밥은 보약이다 생각하고 먹은 셈이다. 오후에는 절에 필요한 잡일을 했고 오후 기도도 열심히 했다. 스님도 좋고 나도 좋은 상황이었다. 기도를 할 때는 진심을 담아 기도하고 또 기도했다. 정말 살기 위한 몸부림이었다. 다른 생각은 하나도 안 들었던 것 같다. 오로지 빨리 회복해서 건강해져야겠다는 생각뿐이었다.

건강은 건강할 때 지키란 말이 백 번 맞다. 아무리 오진이었다고 하더라도 1차 항암 치료를 받았기 때문에 몸속에 들어온 독소를 다 빼내야 했다. 절에 있으면서 일기를 쓰기 시작했는데 사실 일주일 쓰다가 그만두었다. 왜냐하면 쓰면서 나도 모르게 하염없이 눈물이 계속 흘러내려 더 이상 쓰기 힘들었고, 의미도 없다고 생각했기 때문이다. 나도 모르게 흐르는 눈물의 진짜 이유는 나도 모르겠다. 그냥 무의식적으로 만감이 교차했던 것 같다. 아무리 생각해 봐도 내 나이 스무 살에 절에 들어와 살기 위해 애쓰는 모습이 한없이 초라해 보였기 때문이다. 평생 내려 마셔야 할 것 같은 녹즙을 매일 내려 마시며 초가집에 갇혀 일기를 쓰는 내 모습이 눈물 한 방울로 표현된 게 아닌가 싶다. 그래도 끝까지 철저하게 식단을 지키면서 새벽 운동과 기도를 병행하며 내가 할 수 있는 최대한의 규칙적인 생활을 유지했다. 매일 아침마다 산속을 뛰고, 항상 긍정적인 마음으로 생각을 맑게 유지하려고 애썼다. 투병 생활은 그 누구도 대신해 줄 수 없는 나와의 싸움이었다. 하루라도 노력하지 않으면 살 길은 점점 좁아진다고 생각했다. 어린 나이에 죽음을 마주하자 나의 생존 본능은 마치 초능력이 생기는 것 같았다. 가족을 위해서라도 살아야만 했다.

철저한 식이요법과 자연 치유를 지킨 지 어느덧 일 년이 지났고 허봉수 원장님은 내가 입원했던 그 병원 의사에게 찾아가서 다시 피검사를 해 보라고 했다. 일 년 만에 다시 찾아간 병원이었다. 다시는 이 병원에 오기 싫었지만 완벽한 몸으로 찾아오니 감회가 새로웠다. 설레는 마음으로 피검사 결과를 기다렸고 일 년 전 나에게 백혈병 판정을 내린 의사는 믿기지 않는다는 얼굴로 물었다.

"그동안 뭘 어떻게 하신 거예요?"

순간 나는 내가 기적을 이루었구나 생각했다. 마치 보란 듯이 살아서 돌아온 영웅처럼 뿌듯함과 당당함이 내 표정에서 나왔다. 의사에게 지난 일 년 동안의 생활을 자세히 이야기하고 뒤도 돌아보지 않고 병원을 나왔다. 그리고 다시는 이 병원에 올 일이 없도록 더 건강해져야겠다고 다짐했다. 그 이후로 5년 뒤 한 번 더 피검사를 한 적이 있다. 그때는 오히려 정상인보다 더 좋은 수치가 나왔다. 결국 우리 가족이 이긴 것이다. 아버지의 절실함이 나를 살린 것이고 우리 가족은 내가 그때 백혈병이 아닌 지독한 감기였다고 믿으며 지금도 즐겁게 지내고 있다.

내가 가장 약할 때 나를 지켜준 사람들

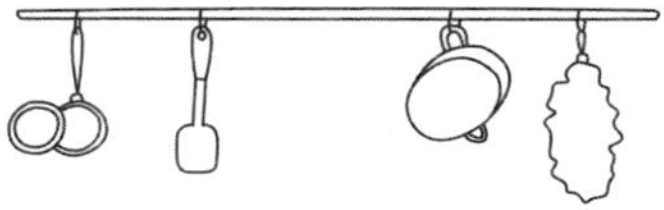

백혈병으로 투병할 초기에 나에게는 두 살 연상인 여자 친구가 있었다. 그 당시에는 그녀가 얼마나 예뻐 보였는지 내 눈에 콩깍지가 씌어져 있었다. 하지만 나의 갑작스러운 투병 생활로 인해 병실에 누워 있어야 하니 어떻게 말을 꺼내야 할지 고민이 많았다. 그녀에게 솔직하게 내 병명을 이야기하지 못하고 가벼운 성형수술을 받았다고만 이야기했다. 그러나 이 거짓말도 오래 가지 못하게 되었고 결국 그녀에게 사실대로 이야기하고 말았다.

"나 사실 백혈병이래. 근데 오진 같으니 너무 걱정하지 않아도 돼."

내가 말하면서도 그녀가 충격을 받을까봐 노심초사하며 오히려 내가 그녀를 위로하게 되었다. 그녀는 무덤덤하게 고개를 끄덕이며 집으로 돌아갔고 며칠 뒤에 그녀로부터 헤어지자는 문자 메시지를 받았다.

'내가 너무 힘들 것 같아. 미안해. 헤어지자. 빨리 나아.'

이 문자를 받고 거울에 비친 내 모습을 보자 머리가 다 빠진 채 기력 없는 환자만이 보였다. 여자 친구와 헤어져서 슬픈 것보다 내가 아프다는 이유로 버려졌다는 생각이 들어 모든 상황이 원망스러웠다. 그 뒤 몇 주가 지나 충격적인 이야기를 들을 수 있었다. 나에게는 늘 착하고 다정했던 여자 친구가 왜 그렇게 무덤덤하게 나에게서 돌아섰는지 그 이유를 알게 된 것이었다. 그녀의 친오빠도 백혈병에 걸려 먼저 하늘나라에 간 것이었다. 그 상처가 아물기도 전에 여자 친구는 나로 인해 다시 한 번 더 힘들게 되었던 것이다. 그 소식을 전해 듣고 그녀의 선택을 이해하면서도 한편으로는 덜컥 겁이 났다.

'아무리 내 스스로 오진이라 굳게 믿고 있지만 나도 저렇게 젊은 나이에 부모님보다 먼저 세상을 떠나면 어떡하지.'

나는 이날 이후로 내가 아팠던 사실을 누군가에게 말하는 게 싫어졌다. 상대방이 어떤 아픈 과거가 있을지도 모르는데 함부로 내 아픔부터 말하는 건 섣부른 판단이 될 수 있다는 생각이 들었기 때문이다. 그래서 누군가를 만나서 이야기를 할 때면 내가 아팠던 사실을 거짓말을 해서라도 숨기고 아닌 척 하기 바빴다. 전혀 아프지 않은 사람인 것처럼 행동했다. 누구나 감추고 싶고 꺼내고 싶지 않은 이야기가 있지 않은가. 내가 아팠던 모든 이야기를 다 털어놓았을 때 상대방의 반응이 두려웠다.

'혹시 나를 너무 과하게 걱정하면 어쩌지.'

'난 괜찮은데.'

내가 아무리 아무렇지 않게 이야기하려고 해도 다른 사람들의 귀에는 그저 백혈병 환자로 인식되고 확대 해석으로 이어지기 때문에 더욱 쉽게 말을 꺼내기 힘들었다. 하지만 지나고 보니 이런 일들은 오히려 나를 더욱 강하게 만들어 준 자극제가 되었다.

투병을 하면서 내 옆에 가장 오래 있었던 사람은 부모님이었다. 누가 뭐라 해도 부모님이 최고였고 내 모든 모습을 다 보여줄 수 있어서 의사보다 중요했다. 투병 생활을 하면서 부모님의 사랑과 그 위대함을 절실히 깨달을 수 있었다. 지금도 그때를 생각하면 눈물부터 흐른다.

내가 병원에 누워 있는 동안 백혈병의 진짜 원인을 찾아 나선 아버지와 보조 침대 위에서 밤새도록 백팔배를 하며 기도하는 어머니가 있었다. 그리고 언제나 내 앞에서는 웃음을 잃지 않으려고 노력하셨다. 어느 날은 내가 항암 치료 때문에 저절로 새벽에 눈이 떠졌는데 어머니는 보조 침대 위에서 너무나도 간절히 백팔배를 하시면서 기도를 하고 계셨다. 나는 어머니의 그 모습에 눈물이 순식간에 터져 나왔고 흐느끼는 소리를 들킬까봐 이를 악물고 다시 잠들었다. 이때만 생각하면 아직도 마음이 찡하다. 내가 부모가 되더라도 내 부모님처럼 저렇게 할 수 있을까.

당시 내가 입원해 있던 병실은 무균실로 필수적으로 거쳐야 하는 과정이었다. 백혈병 환자는 균에 매우 약하기 때문에 식단과 위생이 가장 중요하다. 그래서 백혈구 수치가 오를 때까지 무균실에 있어야 한다. 또한 외부인의 접촉을 최대한 자제해야 하는 병실이기 때문에 병문안이 자유롭지 못해서 가족 이외에는 찾아오는 사람도 거의 없었다. 그래도 유일하게 초등학교 때부터 가장 가까운 친구인 영기가 나를 찾아오는 유일한 손님이었다. 지금 생각해 보면 영기가 나를 찾아오지 않았다면 정말 도심 속 감옥에 갇힌 느낌이 들었을 것 같다. 영기는 특별한 일이 없으면 시간이 날 때마다 나에게 와 주었고 덕분에 이야기도 나누면서 시간 가는 줄 모르게 놀았었다. 영기도 한참 나가서 놀고 싶었을 텐데 나 때문에 주말 동안 병원에 와 있어 준 것이 너무도 고마웠다. 그러던 어느 날 영기가 나를 위해 비니를 사 왔었다. 내가 이제 곧 머리가 빠질 줄 알고 사온 것이었다.

나이가 많든 적든 사람이 느끼는 감정 중 아픈 것, 슬픈 것, 헤어지는 것, 죽는 것과 같은 감정은 마치 처음 있는 일처럼 매번 낯설고 외롭다. 특히 아플 때는 인간이 가장 초라해진다. 그래서 아플 때 누군가 옆에 있다는 것은 큰 힘이 된다. 나는 이때 친구가 많은 것보다 정말 마음을 나눌 수 있는 친구가 중요하다는 것을 깨달았다. 나 역시 아파서 누워 있는데 여기저기에서 병문안을 온다고 연락을 주는 사람들이 있었다. 물론 너무 고맙고 반가웠지만 병문안을 오는 사람들이 매번 나에게 물어보는 질문에 지치기도 했고 더 이상 친절하게 일일이 대답을 해 줄 마음의 여유도 없었다.

우리나라 의학 통계에 따르면 평균적으로 기대 수명까지 산다고 가정했을 때 암에 걸릴 확률은 남자 10명 중 4명, 여자 6명 중 2명이라는 수치가 나왔다. 다시 말해, 남의 일이 아니라는 것이다. 누구나 충분히 걸릴 수 있는 일이다. 앞으로 살아가면서 암 환자 한두 명쯤은 쉽게 만날 수 있는 시대가 된 것이다. 하지만 자연 치유의 힘을 알면 암이 두렵지 않다. 나와 비슷한 처지에 있는 사람들에게 나의 아픔과 전략을 공유해 주고 싶다. 또한 당시 내 곁에 있어준 가족과 친구들이 있었기 때문에 잠시나마 고통을 잊고 웃을 수 있었다.

평범하게 사는 것이 가장 어렵다

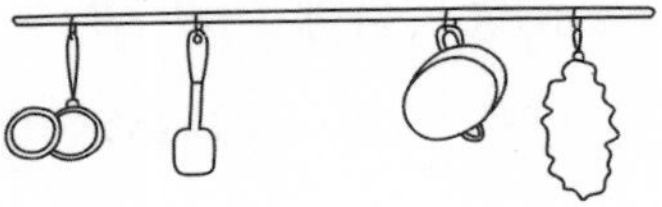

어느새 내가 '백혈병 환자'라는 꼬리표를 달고 살아온 지 11년이 지났다. 나는 절대 나의 시련들이 원망스럽지 않다. 하지만 지금도 가끔씩 나를 잘 모르는 사람들에게 약간은 불편한 말들을 들을 때가 있다. 최대한 대수롭지 않게 넘기려고 노력해도 가끔 상처가 되기도 한다. 물론 그들은 아무것도 모른 채 한 말들이니 충분히 이해할 수 있다. 그래서 이 책을 통해 이제는 아무렇지 않고 오히려 나와 같은 처지의 사람들과 공감을 하고 싶다는 말을 전하고 싶다.

나의 진짜 이십대는 스무 세 살부터라고 할 수 있다. 백혈병 판정을 받은 스무 살부터 가장 힘들게 자연 치유와 식이요법에 집중했던 3년의 기간은 나에게 잃어버린 기억이다. 잃어버렸다는 표현이 부정적으로 들릴 수 있지만 기억이 자세하게 나지 않는다는 것뿐이다. 내가 정확히 언제 무엇을 했는지 기억의 퍼즐이 잘 맞춰지지 않는다. 크게 기억나는 것들은 병원 생활, 항암 치료, 경주 시골 생활, 강원도 작은 절 그리고 악착같이 지켰던 내 체질 밥상이 전부인 것 같다. 대학에 입학하자마자 병상에 누워버리는 바람에 2학년까지는 제대로 다니지 못했다. 그러면서 내 상황에 대해 잘 모르는 동기나 선배들은 나의 겉모습만 보고 학교도 제대로 안 나오는 불량 학생으로 보기도 했다. 학교 특성상 체육대학이다 보니 어떤 고등학교 출신이냐에 따라 다양한 선입견이 있었다. 하지만 나는 이것마저 신경을 쓸 겨를이 없었다. 그리고 몇 년 뒤 다행히 빠른 속도로 몸이 회복이 되어 대학교 막바지에는 정상적으로 대학 생활도 하고 과대표에 부학회장까지 역임하며 대학 생활을 잘 마무리할 수 있었다.

20대 중반에 접어들자 이제부터 백혈병 환자 출신으로 사회생활이 시작되는 것을 느꼈다. 그동안 내 힘으로 힘들게 암세포와 싸우고 이겨 세상으로 나왔는데 이번에는 암 환자였다는 꼬리표를 달고 냉정한 사회에서 살아남아야 하는 것이었다. 20대에 사람들을 만나면서 가장 불편했던 순간은 남자들의 군대 이야기였다. 내가 25살 때쯤이었다. 한창 대한민국의 군대 이야기가 예민했던 시기로 내 주위의 친구들도 전부 군대를 갓 전역했거나 말년 병장으로 휴가를 나온 상황이었다. 나는 나름 활발한 성격이라 주변에 친구들이 많았고 친구들을 챙기는 것을 좋아했다. 그래서 친구들이 휴가를 나오면 빠지지 않고 만나러 가거나 면회도 갔다. 하지만 그 당시에는 친구들끼리 만나면 하루의 절반을 군대 이야기로 채울만큼 군대 이야기를 많이 했다. 각자 자기가 속했던 부대가 가장 힘들었다고 이야기하는데 마치 누구 부대가 제일 힘들었는지 경연 대회를 하는 것 같았다. 그 속에서 나는 의미없이 고개만 끄덕이고 있었다. 이 순간도 한두 번이지 계속 들으면 대화에 끼고 싶지 않을 정도가 되었다. 나는 왜 여자들이 군대 이야기를 제일 싫어하는지 충분히 공감할 수 있었다.

나는 병원에서 백혈병 판정을 받자마자 바로 동시에 군 면제도 받았다. 남들은 신의 아들이라며 나를 부러워했다. 난 오히려 건강해서 군대 가는 친구들이 너무도 부러웠는데 말이다. 운동을 했다 보니 친구들도 군대를 갈 때 훈련 강도가 높은 곳을 가려고 했다. 해병대도 많았고 특전사로 가서 중사까지 만기 전역을 하고 나온 친구들도 있었다. 나는 그저 군대를 갈 수 있다는 것 자체가 부러웠다. 그래서 진지하게 해병대를 전역한 중학교때부터 대학교까지 운동을 같이 한 단짝 친구인 창재에게 물어봤다.

"나 지금은 예전과 달리 누구보다 건강한데 신체검사 다시 받아서 해병대 지원해 볼까?"

창재는 나를 끝까지 뜯어 말렸다. 군대보다 더 큰 아픔과 고생을 겪었으니 너에게 2년이란 시간은 충분히 보상받아도 된다며 나를 위로해 주었다. 그리고 창재가 전역하면서 내 이름이 박힌 해병대 군복을 선물로 주었다. 어쩌면 평생 입어보지 못할 나의 군복이 생긴 것이었다. 창재 뿐만 아니라 주위에서 전부다 하나 같이 같은 이야기였다. 그래도 나도 2년 꾹 참고 군대 다녀와서 친구들과 술 한잔하면서 군대 이야기에 끼고 싶었다. 그런데 지금 생각해 보면 내가 왜 군대를 그토록 가고 싶어 했는지 나는 안다. 그저 남들처럼 평범하게 살고 싶어서였다.

우리나라에서 군대는 학벌처럼 좋은 이력이 될 수 있다. 대한민국의 같은 부대 출신은 사회에서 학연, 지연만큼이나 동질감을 형성한다. 일반적인 부모님들 또한 미래 사위가 해병대나 특전사 출신이라고 하면 남다르게 본다. 그만큼 아직까지 우리나라에서 군대 생활은 막강한 인생 경력 중 하나가 되고 있는 셈이다. 서로의 영웅담을 이야기하다 보면 밤을 샐 때도 있고 그렇게 이야기해도 늘 끝나지 않는 이야기가 된다. 이런 이야기가 폭발적으로 피고 주거니 받거니 할 때 내가 한 마디도 안 하고 듣고만 있으면 나에 대해 모르는 사람들이거나 처음 본 사람들은 묻기 시작한다.

"군대 어디 다녀왔어요?"

난 군 면제라고 소심하지만 그럴싸한 이유를 늘어놓는다. 사실 나는 떳떳하게 이야기해도 충분히 다들 이해해 주겠지만 그러려면 그때 내 상황을 다 열어서 설명을 해야 하기 때문에 그러고 싶지 않았다. 그래서 내가 얼버무리며 대답을 회피하면 거의 다 돈과 힘으로 뺀 것처럼 의심의 눈빛을 보내곤 했다. 초반에는 그럴 때마다 붙잡고 해명이라도 해서 그 눈빛을 돌려놓고 싶었지만 지금은 체념한다. 살아가면서 이런 상황이 더 많이 부딪힐 텐데 그때마다 다 해명을 할 필요도 없다고 생각했다. 어차피 내 기준대로 사는 인생 아닌가. 남들 기분 맞추려고 내 기분을 망치고 싶지 않았다.

20대 후반에 가장 많이 듣는 말이 있었다.

"그럼 이제 완전히 완치된 거야?"

사실 이 질문의 답을 가장 궁금한 사람은 바로 '나'였다. 누구보다 환자였던 내가 더 궁금하고 누군가 정답을 말해 줬으면 좋겠다고 생각했다. 예전에는 몸이 힘들었다면 이제는 정신이 힘들었다. 주변에서 물어보는 질문 때문이 아니라 이제 투병한지도 8~9년이 다 되어 가는데 정말 내가 완치가 된 것인지 궁금증이나 스스로 끊임없이 일어났고 확인해 보고 싶었다. 이때가 아마 가장 힘들었던 시기였던 것 같다. 초반에는 철저하게 지켰던 식이요법도 점점 느슨해지고, 운동도 취미처럼 하게 되었다. 나를 포함해서 가족 모두가 점점 둔해져 갔기 때문이다. 작고 사소한 일에도 걱정이 아니라 예민하게 받아들이고 거기에 마음이 쉽게 상했다. 나는 죽을 때까지 이렇게 식이요법과 자연 치유를 해야 하나라는 생각만 하면 너무 막연했다. 이렇게 항상 초조해 하며 불안 속에서 재미없게 평생을 살 수는 없을 것 같았다.

더불어 가족, 친구 등과 같은 관계에 대한 스트레스도 있었다. 가까운 친구라 해도 나의 모든 상황을 이해하기란 불가능했고, 때론 가족의 걱정까지도 내게는 예민하게 받아들여질 때도 있었다. 살면서 가장 어머니에게 짜증을 많이 내고 화를 냈던 시기였다. 나답지 않게 소리도 지르고 답답함과 억울함을 어머니에게 모두 표출한 것이다. 사실 이런 나를 365일 24시간 돌보는 보호자의 삶도 결코 쉽지 않았을 텐데 말이다. 아픈 불효자나 다름없었다. 부모님 또한 이런 고통을 겪고 있는 아들을 위해 대신 아플 수도 없고 아무것도 할 수 없다는 무력감을 경험하며, 나의 모든 기분을 맞추려고 하셨지만 딱히 뾰족한 수가 없으니 막연함과 답답함이 크셨을 것이다. 서로 정말 힘든 때였다.

그 당시 나는 나보다 더 아픈 사람은 없다는 이기적인 생각만 했다. 아무리 부모님이 보호자로써 힘들다고 하지만 당사자인 나보다 어찌 더 힘들까라는 생각이었다. 이제 와서 생각하면 참 철없는 생각이고 이기적인 생각이었다. 하지만 그때는 그렇게 밖에 생각할 수 없었다. 별거 아닌 일로 어머니와 다투고 나면 뒤돌아서 나 혼자 하염없이 눈물을 쏟았다. 내가 아직 환자 취급을 받고 있다는 것과 나의 아픔과 싸우는 기분을 헤아려 주지 못하는 것처럼 느껴졌기 때문이다. 병원에 있을 때 나는 부모님을 생각해서 죽을 만큼 힘이 들었어도 참고 울지 않으려고 버텼는데 그런 내 마음까지 몰라 주는 것 같았다. 시간이 흘러도 나를 더 배려해 주길 바랐던 것이다. 그냥 그 당시 나는 아프면 아프다고 소리 지르고, 힘들면 힘들다고 투정 부렸으면 나중에 이런 마음도 없었을 것만 같았다.

하루에도 몇 번씩 바뀌는 컨디션은 어쩔 수 없었다. 나한테 분명 오진이라고 말했으니 더 이상 환자 취급은 안 해 줬으면 좋겠고, 녹즙이나 약도 하루 정도는 먹지 않아도 아무렇지 않게 지나가 주길 바랐지만 쉽지 않았다. 이런 사소한 것으로 더 이상 부모님과 사이가 틀어지고 싶지 않았다. 그래서 내가 다시 마음먹고 조금 더 길게 봐야겠다고 생각했다. 사실 맞는 말이다. 아무리 오진이라고 생각하고 믿지만 속으로는 암 환자만큼 걱정하고 조심해야 하기 때문이다. 내 몸 안에서 어떤 일이 일어나고 있는지는 솔직히 아무도 모르지 않은가. 이럴 때면 두려운 상상이 찾아오곤 했다.

'이러다가 한순간에 큰일이 나는 건 아니겠지?'

아주 가끔씩 생각해 본다. 그래도 다시 무심하게 지나가려고 애썼다. 그렇기 때문에 기분 변화에 민감했던 것 같다.

어느덧 투병 생활을 한 지 10년이 다 되어 간다. '내가 백혈병 환자였었나?'라는 생각이 들 정도로 잊고 살고 있다. 그만큼 누구보다 더 건강한 삶을 살아왔고 심지어 수치적으로도 일반인보다 더 건강했기 때문이다. 사실 내가 백혈병 환자였다는 꼬리표가 원망스럽지 않다. 오히려 이때쯤 되니 감사하다는 생각이 든다. 이른 나이에 건강과 죽음에 대해 확실하게 배웠기 때문에 스스로 더 건강한 삶을 살아 갈 힘이 생겼다.

20대 초반에는 나를 아픈 사람처럼 보는 눈빛과 그들의 걱정이 싫어서 무작정 숨겼는데 30대가 되니 굳이 숨길 이유도 없다는 생각이 들었다. 오히려 사회생활을 하면서 가끔 무기로 내 아픈 과거를 공유할 때도 생겼다. 왜냐하면 사회에서 다양한 사람들을 만나 보니 생각보다 많은 사람들이 각자의 아픔을 갖고 있었다. 이야기를 하다 보면 그들이 간혹 감정에 복받쳐 자신이 아픈 과거를 꺼낼 때가 있다. 나는 그들의 아픔을 진중하게 들어줄 수 있는 능력이 생겼다. 다 듣고 나서 조심스레 나의 아픈 과거를 털어놓으면 상대방은 깜짝 놀란다. 오히려 본인의 아픔은 다행인 것처럼 말이다. 그제야 내가 외모와 안 어울리게 담배도 안 하고 술도 조절하면서 규칙적인 생활을 고집하는 이유를 이해하는 눈치였다. 오히려 이런 바람직한 삶의 습관이 상대로부터 신뢰를 얻을 때도 많다. 물론 나도 남들처럼 오늘 하루만큼은 필름이 끊길 정도로 마셔 보고 싶을 때도 있지만 말이다. 그러나 현재 나의 삶이 좋고 만족한다.

나를 살린 긍정의 힘

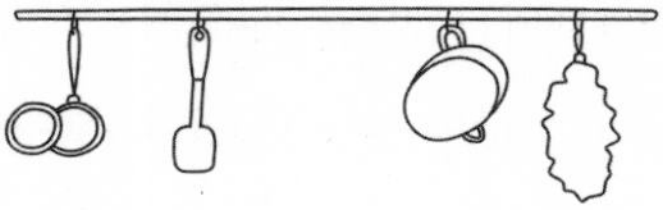

스스로 지금까지 건강하게 살아 준 것만으로도 정말 감사할 일이다. 누구에게는 지금의 내 상황이 꿈 같은 일이기도 하고 기적 같은 일이기도 하기 때문이다. 내가 입원했을 때 바로 옆에는 같은 병명을 가진 고등학교 3학년 남학생이 있었고, 인상이 아주 좋으신 할머니도 계셨다. 너무 안타깝게도 내가 그들의 마지막 모습을 보게 되었고, 지금은 더 좋은 곳으로 가서 안 아프게 잘 살고 있다고 믿고 있다. 그때 남학생은 마지막까지 수능 공부를 하던 모습이 생각난다. 그 당시에는 나도 똑같은 처지라 내가 우선 살아야겠다는 마음뿐이었지만, 지금은 나와 같은 처지에 놓인 아픈 사람들에게 큰 희망을 주고 싶다.

백혈병 환자라는 이력을 달고 살면서 잃은 것보다 얻은 게 훨씬 많다고 생각한다. 그동안 가슴 깊이 묻어둔 말도 많고 쉽게 누군가에게 나의 아픔을 털어놓지도 못했다. 당시 아픈 기억을 떠올리는 자체가 내 스스로 너무 힘든 고통과 슬픔으로 다가 왔고, 나의 아픈 과거가 내 주변 사람들에게 연민으로 다가가지 않았으면 하는 바람도 컸다. 그저 나를 아팠던 사람으로 기억되게 하고 싶지 않았기 때문이다. 죽음 끝자락에서 기적처럼 극복했기에 지금 하루하루가 소중하고 감사할 따름이다. 한때는 꼬리표인 병명이 내 인생에 방해가 되었다고 생각했기 때문에 정신적으로 힘들 때도 있었지만, 오히려 이렇게 큰 아픔을 통해 또래보다 빨리 성숙한 사람이 되었다. 오히려 지금은 다른 사람들보다 내공이 단단해져서 더 큰 풍파를 이겨 낼 수 있겠다고 자부하고 있다. 행복한 인생은 본인 스스로 결정하기 때문에 나는 그 어떤 것도 원망하고 싶지 않다.

사람이 크게 아플 때 가장 필요한 것은 긍정적인 마인드에서 비롯되는 적극적인 의지와 끊임없는 노력이다. 이것을 증명하는 실험이 미국에서도 있었는데 예일대학교 연구팀은 600명의 고령자들을 대상으로 약 11년간 꾸준히 관찰한 연구 결과를 발표했다. 바로 '나는 건강하다'라고 생각하는 것만으로도 건강이 좋아진다는 연구 결과였다. 세상 일이 마음먹기에 달렸다는 말이 건강에도 적용이 된다는 것을 보여 주는 실험이었다.

연구에 참가한 고령자들은 연구 초반에는 질병이 전혀 없었다. 그리고 10년 가까이 시간이 지나면서 연구진은 자연스럽게 그들의 건강의 변화를 지켜보았다. 그리고 몇 명은 문제가 생기고 질병도 발견되기 시작했다. 결국 그들은 일상적으로 신체 활동이 불편한 상황이 되었다. 이때 연구팀은 질병에 걸린 이들이 어떻게 극복하는지를 관찰하는 것이 연구의 핵심이었다. 연구팀은 이들에게 '고령자'라는 말을 들을 때 맨 처음 어떤 단어들이 떠오르는지 물었다.

그 결과 '현명하다'라고 긍정적인 이미지를 이야기한 사람들이 있는 반면 '노쇠하다'라는 부정적인 답을 한 사람들도 있었다. 이 같은 답변은 긍정적인 사고를 가진 이들은 심각한 질병을 더 잘 극복할 수 있었는데, 부정적인 사고를 가진 고령자들에 비해 무려 15퍼센트 더 잘 극복했다고 한다.

이 연구 결과에 크게 공감하는 사람은 많지 않을 것이다. 살면서 크게 아픈 경험은 다 있겠지만 그 아픔이 죽음까지 이어져 죽을 고비를 넘겨 본 사람들은 많지 않기 때문이다. 이 연구가 전달하고자 하는 진짜 메시지는 '정신 건강'이 얼마나 중요한지를 알려 주는 것이다. 같은 상황에 처하더라도 본인 스스로 어떤 생각의 방향을 정하는지에 따라 결과도 달라진다는 이야기다. 꼭 죽을 고비가 아니더라도 평소 우리가 살면서 공감하고 어느 정도인지하면서만 살아도 모두가 건강한 삶의 방향으로 가게 될 것이다.

이제 나도 긍정의 힘이 어떤 위력을 갖고 있는지 잘 알게 되었다. 긍정의 아이콘으로 유명한 개그맨 노홍철씨가 생각난다. 그가 자주 이야기하던 '행복해서 웃는 게 아니라 웃어서 행복하다'라는 말의 힘을 실감할 수 있었다. 그리고 그의 변함없는 모습이 대단하기만 했다. 전부가 같은 상황에서 개개인마다 받아들이는 태도에 따라 개인적인 결과는 다르기 때문이다. 모든 상황은 내가 결정한다는 사실을 배웠다. 아무리 수많은 사람들이 긍정의 힘이 대단하다고 말해줘도 본인이 실제로 겪지 않는 사람들에게는 계속 말한들 소귀에 경 읽기나 다름없다. 내가 바뀌고 변해야 세상이 바뀌는 것이다.

내가 이렇게 글로 내 모든 상태와 감정을 써내려 갈 수 있는 것 또한 힘든 시절을 잘 극복했고 지금 건강히 살고 있기 때문이다. 나에게 백혈병 투병은 지금의 인생관을 명확하게 그리는데 아주 중요한 역할을 했다. 인생을 살아가는 데 진짜 필요한 자세를 남들보다 일찍 깨닫게 해 주었고, 어떤 인생이 나에게 참다운 삶을 살게 해 주는지 또한 알게 해 주었다. 그리고 현재 나의 모습에 만족하며 살게 해 주었다. 언제나 건강하고 행복한 삶을 지향하는 나를 항상 응원해 주는 주변 사람들에게도 끝까지 실망시키고 싶지 않았다. 지금도 보란 듯이 건강하고 행복하게 잘사는 모습을 보여 주고 싶다. 내 곁에 있는 사람들에게 더 많이 베풀고 같이 나누면서 살아가고 싶다. 왜냐하면 당시 아픈 시절 나 혼자가 아니었기 때문에 내가 잘 견디고 살아남을 수 있었던 것이다. 겪어 보니 병은 혼자서 이겨 낼 수 있는 것이 절대 아니었다. 어쩌면 나를 응원해 준 사람들 덕분에 완쾌했던 것일지도 모른다.

내 몸이 아플 때 가장 중요한 것은 나의 강한 의지와 포기하지 않는 긍정적인 최면이다. 지금 이 책을 읽고 있는 사람들 중에 아픈 사람이 있다면 홀로 외롭게 싸우지 않았으면 좋겠다. 그리고 아픈 사람을 보살피고 있다면 최대한 환자의 입장에서 먼저 배려해 주고 이해해 주면 좋겠다. 이 시기에는 환자를 아무리 배려해도 부족하지 않을 테니 보호자의 무한한 배려와 이해가 필요하다고 말하고 싶다. 부디 지금 백혈병을 앓고 있는 사람들이 이 책을 읽고 긍정적인 기운을 받아 건강하고 행복하게 지내길 바란다.

ITALY

#002

뉴욕에서 또 다른 길을 찾다

뉴욕에서 사는 법을 배우다

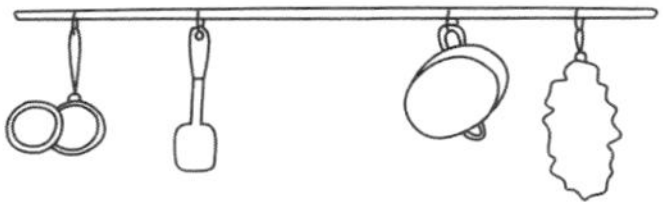

내가 뉴욕에 가서 살게 된 가장 큰 이유는 당시 아버지의 적극적인 권유가 있었기 때문이다. 그 이유는 생각보다 거창하거나 복잡한 것이 없이 매우 간단했다.

“일단 뉴욕에 가서 살다 보면 길이 보일 거야.”

뉴욕은 전 세계 모든 인종과 다양한 국적의 사람들이 살고 있는 다문화 도시이다. 그래서 더욱 다양한 경험과 사고를 할 수 있는 곳이기도 하다. 아버지는 이곳에서 살다 보면 뭔가를 바라보는 시야도 매우 넓어질 것이라고 말씀하셨다. 나도 물론 공감했고 적극적으로 응원해 주셔서 감사할 따름이었다. 꿈의 도시 뉴욕에서 제2의 삶이 시작되었다.

대학교를 졸업하자마자 바로 떠나는 뉴욕행이다 보니 뭔가 서둘러 한국을 벗어나는 느낌이 들었다. 그래도 뉴욕에서 혼자 생활을 할 생각을 하니 설렘과 기대로 가득 차게 되었다. 그러나 막상 가려고 하니 마음속에 걸리는 게 있었다. 아마 나보다 부모님이 더 신경 쓰셨겠지만 오히려 날 위해 내색하지 않으셨던 것이라고 생각한다. 사실 그 당시만 해도 투병 생활을 한 지 4년차 밖에 되지 않았을 때라 온 가족의 신경은 내 건강에 집중되어 있던 시기였다. 한창 스스로 건강하다고 경솔하게 생각할 수 있는 시기였지만, 나 또한 한편으론 불안한 것은 마찬가지였다. 물론 지금까지는 아무 일 없었지만 한국도 아닌 먼 나라 미국 땅에서 무슨 일이라도 생기면 어떡하나 싶은 불안감이 있었던 것이다. 나도 이런 생각을 하는데 부모님을 당연히 걱정하셨을 것이다. 그래도 믿고 보내 주신 부모님의 지금도 감사하다.

뉴욕에 살기 시작했을 때, 내 나이가 24세였다. 아무래도 한국에 있으면 투병 생활의 연장선 같은 느낌이다 보니 새로운 에너지가 필요했었다. 잠시라도 어디든 나가고 싶었다. 한국에 있으면 하루도 빠짐없이 이른 아침에 녹즙 한 잔, 점심 지나고 한 잔, 그리고 저녁 먹기 전 한 잔씩 하루에 세 잔은 꼭 챙겨야 했고, 혀가 부르는 음식이 아닌 머리로 생각하는 식단을 먹어야만 했다.

기계적인 생활의 반복이 일상화될 수밖에 없었다. 이런 생활과 반대로 뉴욕에서 나 혼자 사는 세상은 하늘을 날아다니는 기분이었다. 그렇다고 나쁜 짓을 하는 것이 아닌 그냥 진짜 세상 밖으로 나와서 치유되는 것 같았다. 오히려 아무도 보살펴 주는 사람이 없다고 생각하니 한국에 있을 때보다 더 독하게 나를 챙기기 시작했다. 어떻게든 맞는 음식을 먹으려고 했고 더 꼼꼼하게 신경 쓰게 되었다. 사람은 혼자 있을 때 더 강해진다는 말이 맞나 보다.

뉴욕에 와서 지내다 보니 자연스럽게 겸손해졌다. 세상엔 정말 다양한 사람들이 많고 끼와 능력이 넘쳐 나는 인재들도 많았다. 그저 새로운 환경에 새롭게 태어나서 적응해 나가는 느낌이라 내가 아팠던 과거를 까마득하게 잊는데 아주 좋았다. 뉴욕은 나에게는 아픈 과거를 무덤덤하게 해 주었고 앞으로의 새로운 인생을 스케치하도록 기회를 만들어 주었다.

뉴욕은 요리, 음악, 미술, 연기, 공부, 비지니스 등 아주 다양한 분야의 중심에 있는 곳이다. 그래서 모두가 선망하는 꿈의 도시 중 하나이기도 하다. 모든 욕망과 기회가 있는 도시라서 누구나 뭐든 열심히만 한다면 충분히 좋은 경력도 쌓을 수 있다. 이런 이유에서 정말 뉴욕을 잘 왔다고 생각했다. 왜냐면 그 당시만 해도 20대 초반인 나에겐 모든 것은 호기심의 대상이었기 때문이다. 인생에서 가장 중요한 일은 나에게 맞는 일을 찾는 것이다.

내가 도대체 뭘 좋아하는지 그리고 어떤 것에 특별히 흥미를 갖는지 찾는 것은 살아가는 데 가장 큰 동기부여가 되기 때문이다.

뉴욕에 살다 보니 자연스럽게 다양한 분야를 접하게 되었다. 20대 초반에 접하기 힘든 현대 미술, 다양한 미슐랭 레스토랑, 와인, 인테리어 등 수준 높은 지식도 알게 되었고 직접 가 보기도 했다. 그러다 보니 내가 어떤 것에 흥미를 느끼는지 조금씩 알아가기 시작했다. 심지어 나도 몰랐던 내 모습을 발견할 때가 많았다. 예를 들어, 뉴욕은 외식업 시장이 워낙 크고 미슐랭 레스토랑도 많다 보니 음식에 대해 보고 배울 것이 아주 많았다. 그래서인지 나는 조금씩 음식에 관심을 갖기 시작하면서 찾아다니기 시작했다. 기본적으로 맨해튼에 있는 레스토랑들은 없는 게 없을 정도로 각 식당마다 전문성이 뛰어났다. 굳이 다른 나라에 가서 먹지 않더라도 맨해튼에서 먹는 맛이 그 지역의 맛이라고 생각해도 될 정도였다. 대표적으로 스시, 인도 커리, 지중해 음식, 베트남 음식, 중국 음식 등은 현지 입맛을 살리기보다 그 나라 사람들의 입맛에 맞게 지역화를 시키기 마련인데 뉴욕은 그렇지 않고 대부분 현지의 맛을 그대로 살렸다. 뉴욕이 더욱 재미가 있는 것은 이탈리안 레스토랑에 가면 진짜 이탈리아 요리사가 직접 주방에서 파스타를 삶고 있고, 스시를 먹을 때면 정갈한 일본 요리사가 긴 사시미 칼로 회를 뜨고 있었다. 베트남 쌀국수 식당은 현지인이 직접 끓인 육수 맛 그대로를 맛볼 수 있는 것이다. 이외에도 쉽게 접하지 못한 터키나 아랍 음식, 그리고 그리스 음식 등 전 세계 아주 다양한 음식이 전문성까지 있어 현지의 맛뿐만 아니라 문화까지 고스란히 느낄 수 있어서 배우는 것이 정말 많았다. 그래서 역시 맨해튼을 함축된 지구촌이라고 부르는 것 같았다.

나는 점점 음식과 레스토랑 산업에 대해 관심이 커지면서 가는 곳마다 메뉴판을 정독하는 게 취미가 되었다. 태어나서 처음 보는 음식과 식자재를 구경하는 재미도 나에게는 쌓여 가는 경험이었다. 뉴욕의 맛집은 아마 평생을 살아도 끝없이 나올 것만 같았다. 워낙 감성과 실력이 있는 인재들이 음식 맛뿐만 아니라 브랜딩까지 동시에 하다 보니 멋있고 맛있을 수밖에 없는 것 같았다. 나는 쉬는 날이면 자전거를 타고 맨해튼 소호에서부터 센트럴파크까지 다녔다. 그리고 여기저기 예쁘고, 감성 있는 매장들을 보고 눈에 익혔다. 자전거를 타고 다니는 감성 식도락 여행이나 마찬가지였다.

뉴욕에는 음식 이외에도 패션, 그림, 음악, 영상, 사진 등 유명한 분야가 아주 많다. 그리고 전 세계인이 살고 있으니 다양한 문화들이 각각 선명하게 깊이 박혀 있다. 물론 언어 또한 수십 가지가 공존한다. 미국 뉴욕이라고 꼭 영어만 쓰는 것이 아니었다. 영어는 당연시되었고 각자 모국어 또한 쓰면서 살 수 있는 도시였다.

내가 뉴욕에 살면서 음식 이후로 두 번째로 자극을 받았던 것은 다양한 언어 구사 능력이었다. 이런 생각을 하게 된 아주 사소한 계기가 있었는데, 어느 날 카페에 앉아 있는데 내 또래로 보이는 아시아인 남자가 옆에 앉더니 유창하게 영어로 주문을 마치고 책을 읽고 있었다. 그리고 몇 분 뒤 남미 친구가 오더니 스페인어로 아주 반갑게 이야기를 나누는 것이었다. 다른 상황에 따라 여러 언어를 쓰는 모습이 너무 인상적이었고 나도 영어는 기본이고 제3의 언어 능력을 키워야겠다고 다짐하게 되었다.

내가 배우기로 결심한 언어는 이탈리아어였다. 이유는 그때 제일 친하게 지냈던 친구가 이탈리안이었기 때문이다. 그리고 신기하게도 이탈리아 친구들이랑 가장 많이 어울리게 되었다. 맨해튼에는 어학원도 아주 다양하게 있어서 배우기로 마음만 먹으면 어렵지 않았다. 물론 영어도 제대로 못하는데 이탈리아어까지 하려니 벅찬 건 사실이었지만 즐거운 마음으로 시작하다 보니 실력에 속도가 붙었다. 이탈리아어를 조금씩 알고 난 후로 뉴욕을 보는 관심도 색다르게 느껴졌다. 안 보였던 라틴어의 뜻이 보이기 시작했고, 유럽인들의 생활 문화도 더 관심 있게 지켜보게 되었다.

정말 내가 하고 싶은 일을 하면서 살자 다시 한 번 부모님께 감사해야 할 일이라고 느끼며 시간을 소중하게 보냈다. 뉴욕에서 학위보다 더 중요한 것은 전 세계 사람들은 어떤 가치관을 갖고 각자의 인생을 그려 나가는 지를 보고 배우는 것이었다. 이런 것들이 바로 내가 뉴욕을 선택해서 오게 된 진짜 이유였다.

행복을 가득 채운 맨해튼 브런치

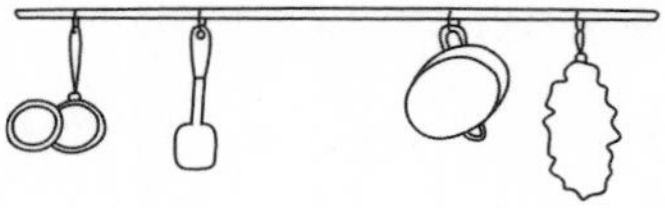

예전에는 '아침'과 '점심'을 합쳐 '아점'이라는 유행어가 있었는데, 이제는 '브랙퍼스트'와 '런치'란 말이 합쳐진 '브런치'라는 신조어를 사용한다. 전 세계 어느 나라든 각자의 식문화가 다르고 먹는 음식이 다르기 때문에 브런치의 대표적인 음식이라고 규정할 수 있는 것은 힘들다. 브런치는 말 그대로 식사 시간대를 말하는 것이지 음식의 종류가 아니기 때문이다. 개인적으로 브런치의 사전적 의미보다 문화적 의미를 더 중요시 여기는 게 좋다고 생각한다. 내게 브런치는 곧 여유의 상징이다. 아침과 점심 사이에 여유 있는 식사를 하며 사람들과 어울려 마티니 한 잔 하는 시간이 중요하기 때문이다. 사실 무엇을 먹는지는 각자의 취향이기 때문에 그다지 중요하지 않다. 다만 단 30분이라도 여유를 가지고 식사를 할 수 있는지 여부가 중요한 것이 아닐까 싶다.

브런치는 1930년대부터 미국에서 온 아침과 점심 사이에 먹는 새로운 식문화이며, 브런치 문화가 보편화되면서 또 다른 미국의 식문화가 활성화되었다. 1950년대 미국의 풍요로운 배경을 한 영화 〈캐롤〉에서 테레즈와 캐롤이 서로 사랑스런 눈빛을 주고받으며 나눈 첫 식사가 바로 브런치이다. 브런치 자체가 어색한 테레즈는 머뭇거리고, 캐롤은 너무 자연스럽게 에그 베네딕트와 마티니 한 잔을 주문한다. 이러한 장면은 그 당시 미국 부부의 경제적, 문화적 위치를 보여 주었다고 한다. 이렇게 브런치의 문화가 확산되면서 오늘날에는 매우 보편화된 식문화 중 하나로 자리 잡게 되었다.

에그 베네딕트와 베이글에 대해 간략하게 설명하자면, 에그 베네딕트의 어원은 오래 전 '베네딕트'라는 사람 이름을 따서 지어진 음식이며, 잉글리쉬 머핀을 살짝 구워 그 위에 햄과 수란 그리고 홀랜다이즈 소스를 곁들여 먹는 미국 요리이다. 사실 언제부터 이 음식이 나왔는지는 정확히 모르지만 어느 책에는 1860년대 이후부터 먹기 시작한 것이라고 말한다. 그리고 베이글은 밀가루 반죽에 이스트를 넣고 링 모양으로 발효시켜 끓는 물에 익힌 다음 달궈진 오븐에 구워 내는데, 이 맛이 너무 쫄깃하면서 특히 씹는 맛이 좋아 미국인들에게 가장 인기 있는 빵 종류 가 되었다. 뉴욕에서는 보통 필라델피아 크림치즈를 듬뿍 발라 먹거나 계란 프라이 혹은 훈제연어 등 개인 취향에 맞게 다양하게 먹을 수 있어서 아침 식사로도 매우 인기가 많다.

베이글의 인기가 점점 많아지면서 대형 식품 회사들도 베이글을 대량 생산하기 시작했고, 심지어 냉동 베이글도 일반화가 되었다. 그만큼 미국인들에게 베이글은 없어서는 안 될 실속 있는 아침 식사이다. 뉴욕에는 관광객도 찾아간다는 에싸 베이글, 머레이, 에이치앤에이치 미드타운 베이글 등 3대 베이글 맛집이 있을 정도로 유명하고 역사가 깊은 베이글 가게들이 많다.

나는 뉴욕에 살면서 가장 행복했던 시간을 꼽으라면 바로 일요일 브런치이다. 뉴욕의 대표적인 브런치 메뉴는 에그 베네딕트 또는 간단하게 먹을 수 있는 베이글이다. 사실 뉴욕을 가기 직전까지도 처음 들어보는 메뉴였지만 지금은 내가 가장 좋아하는 메뉴 중 하나이다.

뉴욕에서 처음 브런치를 먹었을 때는 '브런치'라는 단어조차 생소할 나이였다. 그래서 함께 먹는 아메리카노 맛도 잘 몰랐다. 내가 제일 처음 맛 본 브런치 음식은 훈제 연어가 올려진 에그 베네딕트였다. 태어나서 처음 먹어 보는 음식이었지만 정말 맛있었다. 빵과 수란의 조합과 훈제 연어의 맛은 느끼한 맛은 잡아 주는 아주 인상 깊은 조합이었다. 나는 무엇보다 먹는 내내 그 레스토

랑 분위기가 더 매력적이라고 느껴졌다. 이스트 빌리지 쪽에 위치한 작은 레스토랑이었는데 정말 다양한 사람들이 아침을 즐기고 있었다. 한 남자는 대충 걸쳐 입은 블랙 코트에 안에는 목이 조금 늘어난 빈티지한 반팔 그리고 선글라스를 썼고, 또 다른 한 여성은 이어폰을 끼고 트레이닝 차림으로 너무 편하게 식사를 즐기는 모습이었다. 그들은 음식의 맛도 맛이지만 그만의 분위기와 식사 시간을 즐기는 듯해 보여서 더욱 멋있어 보였다.

그날 이후로, 나도 그때 그들을 상상하며 여유로운 주말 아침이 되면 대충 세수만 한 채 손에 잡히는 아무 옷이나 걸쳐 입고 선글라스를 끼고 음악을 들으며 혼자 브런치를 먹으러 갔다. 그렇게 나만의 식사 시간을 있는 힘껏 즐겨 보았다. 처음엔 쑥스러웠지만 점점 습관이 되고 나만의 일상이 되었다. 처음 시작이야 어떻게 시작되었든지 브런치를 즐기는 시간을 내 스스로 만족하게 되었다. 여유롭게 생각도 하게 되고 책을 읽게 되는 시간도 자연스럽게 생겨났다. 이런 게 바로 책상에서 공부만 했다면 절대 느낄 수 없는 유일하게 이 도시가 주는 힘이었다. 이런 식으로 내 나름대로 뉴욕을 즐기며 살기 시작했다. 아무 생각 없이 흥얼거리며 브런치를 먹으러 가는 그 길이 너무 행복했고 그 순간은 나만의 세상처럼 느껴졌다. 뉴욕의 여유로운 일요일 아침, 노란 홀란데이즈 소스에 에그 베네딕트를 먹을 때 느끼는 행복함은 정말 포기하기 싫은 소소한 일상의 행복이었다.

사실 미국의 브런치 문화가 확산되면서 브런치라는 자체만으로 사람들의 여유와 문화적인 감성을 잘 나타내 주는 하나의 수단이 되는 반면 잘못된 오해와 전파 왜곡으로 부정적인 단어가 되어 버린 경우도 있다. 어느 순간부터 브런치가 젊은 사람들 사이에서는 비싼 것 혹은 사치스런 단어가 된 것 같다. 샌드위치와 커피 한 잔 먹는 것만으로도 멋진 브런치가 될 수 있는데 말이다. 사람들은 브런치라고 하면 예쁜 접시와 테이블에 차려진 분위기만 상상한다. 여기서 내가 추구하는 한국에서의 이상적인 브런치 문화는 음식의 종류나 장소를 말하는 것이 아니다. 앞에 말한 레스토랑에서 내가 지켜봤던 사람들처럼 즐기고 싶은 것이다. 혼자서도 브런치를 먹으면서 자기만의 시간을 갖는 바쁜 생활 속의 여유를 뜻한다. 어느 순간부터 '비싼 브런치 먹는 사람들'에 대한 시선은 순수한 서구 문화에 대한 잘못된 인식이 되어 버렸다. 직장인들이 아침에 먹는 해장국은 노동자의 따뜻한 밥상이라 생각하고, 청담동 레스토랑에서 사 먹는 브런치는 사치스러운 서양식 아침밥이라고 생각하는 현실이 안타까울 뿐이다.

〈코스모폴리탄〉 편집자이던 헬렌 걸리 브라운은 "브런치는 독신 여성들이 삶을 즐기는 아주 좋은 방식이다"라며 1969년에 《독신 여성의 요리책》이라는 혁신적인 책을 출판하기도 했다. 이렇듯 우리의 의식주는 개인의 자유이며 우리들의 포기할 수 없는 생활 속 소소한 행복이다. 그중에 브런치를 먹는 시간이 가장 여유로워 보이고 삶이 윤택하다는 것을 스스로 느낄 수 있기 때문이다. 꼭 비싸고 서양 스타일의 음식을 먹으라는 것이 아니라 주말에라도 자신을 위해 여유로운 시간을 만들어 보라는 것이다. 일상 속 잠깐의 쉼표는 좋은 휴식이 될 수 있다.

태풍이 만나게 한 소중한 인연

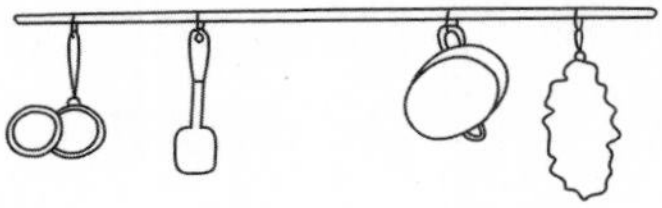

2012년, 이제 막 뉴욕에서 친구를 사귀면서 한참 적응할 때 쯤이었다. 온갖 매체에서 슈퍼 허리케인 샌디가 미국 동부 지역으로 매섭게 몰려오고 있다는 재난 소식이 여기저기서 들려왔다. 사실 태어나서 자연재해에 대해 크게 경험해 본 적이 없기 때문에 별로 실감은 나지 않았다. 그냥 비바람 조금 몰아치고 말겠지 하며 아무 생각 없이 있었다. 그런데 오산이었다. 태풍 샌디는 미국 동부 뉴저지 해안에 시속 130킬로미터의 풍속으로 강타했으며 맨해튼의 모든 도시 기능을 마비시켜 버렸다. 미국 동부 역사상 전례가 없는 가장 큰 태풍이라고 했다.

거리는 나무가 쓰러져서 도로를 막고 있었고, 가로등 불빛은 전부 나가서 도시는 그야말로 암흑이 되었다. 그리고 갑자기 사람들은 정신없이 편의점을 뒤지면서 양초와 물을 사재기 하듯이 쓸어 가기 시작했다. 경찰들이 도로에 조명탄 같은 걸 설치해서 빨간 불빛으로 시야를 확보하면서 다니는 긴급 상황이었다. 심지어 친구들의 생사를 확인하는 사태까지 벌어진 것이다. 집에는 모든 전기가 끊기고, 핸드폰 신호조차 잡히지 않았다. 오로지 찬물과 가스만 나와서 할 수 있는 게 없었다. 이 상황은 마치 재난 영화 〈투모로우〉를 연상하게 했다.

그 당시 어학원에서 처음 만나 마음 맞는 친한 친구들이 있었다. 이탈리아인 안드레아 마욜리, 중국계 스페인인 치추 첸, 그리고 일본인 야마구찌 신이었다. 사실 운명적으로 우리에게 들이닥친 허리케인 때문에 우리 네 명은 국경을 넘어 신기하게 빨리 친해졌는데, 나름 의리와 우정을 느낄 수 있는 사이가 되었다. 안드레아는 전형적인 마초 남자였고, 치추는 나보다 더 한국인처럼 생긴 구수한 외모의 의리남이었다. 그리고 야마구찌는 전형적인 일본인과 달리 큰 키와 적극적이고 똑똑한 친구였다.

한참 태풍이 몰아칠 때였다. 갑자기 누군가 문을 사정없이 두들기는 것이었다. 바로 치추와 야마구찌였다. 진심으로 걱정된 마음에 우리 집으로 무작정 뛰어온 것이었다. 괜찮냐고 소리쳐 주는 치추와 야마구찌가 있어 마음이 든든해지던 순간이었다. 결국 우리 집으로 전부 모여 재난 영화를 찍었다. 기분이 굉장히 묘

하면서도 한편으로는 행복했다. 이런 기분은 한국에서 어릴 때 친구들에게서나 느낄 수 있는 감정을 말도 제대로 안 통하는 외국 친구들에게 느끼니 매우 생소했지만 대신 감동은 두 배였다. 역시 사람의 교감은 머리가 아닌 가슴으로 하는 것임을 느꼈다. 그때 친구들 얼굴에 그대로 나타난 진심 어린 표정은 아직도 눈앞에 생생하다.

지독했던 태풍 샌디는 정말 역사적으로 큰 사건이었다. 이미 수영장처럼 변해 버린 뉴욕 지하철역에서는 두 달 가까이 물을 빼내는 작업이 진행되었고 엉망진창으로 되어 버린 전선 작업도 한창이었다. 뉴욕과 뉴저지 등 동부 지역에서만 거의 820만 가구가 정전되고 도시 대부분이 물에 잠겨 치명적인 피해를 입었다. 이스트 강 지하를 지나는 모든 터널이 물이 잠겨 버리고, 지하철은 다시 복구가 될까라는 생각이 들 정도로 먹통이 된 상태였다. 심지어 인명 피해는 물론 미국 보도 자료에 의하면 태풍 '샌디'로 인한 경제적 손실이 최대 500억 달러에 이른다고 했다. 또한 조지프 로타 뉴욕교통청 청장은 이번 태풍 샌디의 타격은 뉴욕 지하철 108년 역사상 가장 강력했다고 말했다. 이어 AFP 통신에서도 샌디로 인해 사망자만 40명이 넘는 인명 피해도 있었다고 전했다.

당시 이탈리아 친구 안드레아는 샌디 피해가 가장 심한 동네인 월스트리트에 살고 있었는데 결국 아파트 지하가 모두 잠기는 바람에 발전기 작동이 안 되는 상황이었다. 아파트 측에서는 모두 대피하라는 지시가 내려졌고 안드레아는 당장 갈 곳이 없는 상황이었다. 나는 너무나 당연히 안드레아에게 괜찮으면 우리 집에 와서 지내라고 했다. 흔쾌히 먼저 이야기 해 주는 나에게 감동을 받은 안드레아는 너무 고마워했고, 이렇게 우리는 잠시 같이 살게 되었다. 그때만 해도 2~3주면 복구가 대충 될 줄 알았는데 샌디의 피해는 생각보다 꽤 심각했다. 심지어 안드레아 아파트는 한 달이 넘어서도 복구가 될 기미가 보이지 않았다. 막막한 상황이 계속되었다. 맨해튼 월스트리트 쪽은 바다와 가까워 거의 도시가 아예 잠겼고, 길거리에 하수구는 넘쳐나서 모든 기능이 마비되어 뉴욕 쥐들로 득실득실했다. 맨해튼 미드타운 전까지는 대부분 통신, 전기, 보일러 등 거의 모든 게 먹통이 되었고 오로지 가스만 나오는 상황이었다.

안드레아와 먹을 식량으로는 내가 미리 사다 놓은 라면이 전부였다. 과연 라면을 안드레아가 좋아할까 걱정부터 들었다. 사실 라면 종류는 엄청 다양해서 만약 맵다고 하면 바로 짜장 라면을 끓일 준비도 했지만 역시 내 친구 안드레아였다. 나보다 더 잘 먹고 좋아했다. 너무나 고마웠다. 사실 이 상황이 내 잘못은 아니지만 그래도 우리 집에 지내기로 했으니 있는 동안은 즐겁게 지내다가 가길 바랐다. 무엇보다 중요한 것은 열악한 상황 속에 한

번 더 서로를 이해하고 배려해 주면서 더욱 가까워지는 좋은 계기가 되었다.

하지만 이런 암울한 상황도 너무 길어지면 심각해지기 마련인데 생각보다 도시 전체를 보수하는 시간이 오래 걸렸다. 처음에는 추억이라고 재미있다는 생각도 들었지만 점점 정상적인 생활이 불가능해지니 뉴욕 시민들의 불편과 불만이 쏟아지는 상황까지 되었다. 그래서 우리는 맨해튼을 잠시 버리고 다른 도시로 가자며 농담을 했다.

"우리가 지금 맨해튼에 있어야 할 이유가 있을까?"

당시 어학원도 태풍으로 인해 수업이 전부 취소된 상황에 우리가 맨해튼에 있을 이유가 없었던 것이다. 그래서 안드레아와 나는 곧바로 짐을 싸서 뉴욕에서 가까운 보스턴으로 여행 겸 피신을 가기로 했다. 버스를 타고 보스턴으로 향하는 길은 그저 드라마 같이 너무 재미있었다. 이런 추억을 안드레아와 함께 쌓을 수 있다는 것만으로 너무 좋았다. 지금까지 외국 친구들이랑은 어떻게든 친해지려고 노력을 했다면 지금은 친해질 수밖에 없는 상황이 만들어진 셈이었다.

미국 매사추세츠주의 가장 대표적인 도시인 보스턴은 미국에서 역사가 가장 오래된 도시이고, 백인이 주로 많은 곳이었다. 도시는 대체적으로 영국풍의 건물이 많았으며 전반적으로 매우 서정적이고 안정적인 느낌을 받았다. 우리는 보스턴에 도착하자마자 대표적인 하버드 대학교와 MIT 캠퍼스를 구경하러 갔다. 사실 나는 몇 년 전 하버드 대학교에 어학연수로 3개월을 살면서 하버드 캠퍼스 안에서 생활한 적이 있었다. 그래서 그런지 나는 더욱 감회가 새로웠다. 우리는 커피 한 잔씩을 손에 들고 찰스강 근처 공원으로 갔다. 강을 바라보며 각자 샌디의 후유증을 치유했다. 나는 이 모든 상황 자체가 무엇보다 인위적이지 않고 자연스러워서 그저 신기하고 소중한 추억이라 생각하니 너무 좋았다. 그리고 이렇게 같이 올 수 있는 친구가 있다는 것이 참 좋은 기억으로 남을 것 같았다. 생각보다 지낼수록 우리는 속 깊은 대화도 잘 되었고, 각자 살아온 인생 이야기부터 서로 다른 나라의 문화 차이 그리고 이성 이야기까지 공유할 수 있었다.

뉴욕으로 돌아오자마자 나와 안드레아는 시간이 될 때 많이 돌아보자며 곧바로 마이애미로 여행을 떠났다. 우리 둘 다 낯선 도시여서 서로 고민도 없이 무작정 출발한 셈이다. 안드레아와 나는 국경을 떠나 성격과 생각하는 방향이 비슷하다 보니 참 이런 부분이 너무 잘 맞았다. 물론 개인 취향은 조금 다를 수 있지만 상황마다 추구하는 것이 매우 비슷해서 모든 게 자연스럽게 흘러갔다. 우리가 도착한 마이애미는 미국 플로리다주에 있는 아름다운 해안으로 유명한 휴양지 중 하나이며, 16세기 에스파냐 사람들이 발견하고 1821년 미국인들이 점령했다고 한다. 이후 쿠바 난

민들이 이주하여 쿠바인들의 거주지이기도 해서 그런지 마이애미는 영어를 못해도 스페인어만 할 줄 알아도 사는 데 전혀 문제가 없을 정도로 대부분 사람들이 스페인어를 구사했다. 이곳에서 무사히 호텔에 도착해서 체크인을 하는데 호텔 직원이 너무 난감한 표정으로 더블베드 룸밖에 없다고 하는 것이었다. 그러나 우리는 너무 아무렇지 않게 더블베드도 좋다고 대답했다. 이 얼마나 오묘한 상황인가. 우리는 더블 베드에서 같이 자는 것이 이상하게 느껴지지 않을 만큼 친해졌고 주위의 반응마저 재미있게 즐길 수 있었다. 안드레아와 나는 어학원도 같은 반이었다. 영어 수준마저 비슷하단 소리다. 서로 어설픈 영어 실력으로 완벽한 소통은 물론 어렵지만 대신에 눈빛과 표정으로 통하는 게 있었다. 언제나 수업 끝나고 점심을 먹으러 가는데 식성도 비슷해서 너무 좋았다. 하루는 안드레아가 밀가루를 너무 많이 먹어서 소화가 안 되니까 쌀을 먹자고 하는 것이었다. 나에게는 익숙한 일이었지만 그가 먼저 쌀을 먹자고 하니 참 신기했다. 유럽 문화와 한국 문화는 정말 다르지만 이탈리아는 조금 예외인 것 같았다. 일단 이탈리안들은 한국인처럼 정이 많았다. 물론 사람마다 다르겠지만 다른 유럽인들보다 개인주의 느낌이 아니라 한국 사람들처럼 가족주의이며 상대를 먼저 생각하고 배려심이 깊었다. 그래서 나 또한 더 배려하고 조심하게 되었고 만날 때마다 불편하거나 어색함이 없었다. 비록 대화의 전달은 완벽하지 않지만 마음의 언어

가 잘 통했던 것 같다. 나중에는 굳이 말을 하지 않아도 서로 눈치를 챌 정도로 상대를 파악했다.

안드레아와 아침부터 저녁까지 하루의 절반 이상의 시간을 함께 보내면서 자연스럽게 이탈리아 사람들의 라이프 스타일에 대해 조금씩 알아가기 시작했다. 수업 중간 쉬는 시간에는 그 짧은 사이에도 에스프레소를 마시러 가야 했고, 저녁 먹을 때 마시는 와인은 마치 물처럼 여기는 것 같았다. 난 사실 커피와 와인에 대해 그때는 관심도 크게 없었고 잘 몰랐다. 이탈리아 사람들에게 커피와 와인은 마치 우리에게 김치와 소주 같은 존재와 같았다.

시간이 흐르고 안드레아가 이탈리아로 돌아갈 때가 되니 아쉽고 슬펐지만 이제 뉴욕이 아닌 그 어떤 곳에서 만나겠다 싶은 믿음에 오히려 설레는 마음이 들었다. 그리고 안드레아가 이탈리아로 돌아간 지 얼마 되지 않아 연락이 왔다. 안드레아 부모님이 태풍 '샌디' 때 집에서 함께 생활해 준 것이 너무 고맙다고 당장 이탈리아로 놀러 오라는 초대의 전화였다. 나는 고민할 것도 없이 바로 비행기 표를 끊고 이탈리아 밀라노로 날아갔다.

안드레아 집은 밀라노 근교 도시인 피아첸차라는 소도시였다. 한국으로 치면 과천 정도로 생각하면 비슷할 것 같다. 10만 명의 적은 인구가 살지만 분위기와 낭만은 감동 그 자체였다.

내가 피아첸차 공항에 도착했을 때 공항을 나오자마자 안드레아를 포함해서 시모네, 알렉산드로 이렇게 셋이 동시에 날 향해 두 팔 벌리고 서 있었다. 그 순간 너무 뿌듯하고 뭉클했다. 뉴욕에서의 삶이 헛되지 않았다는 생각에 앞으로도 잊을 수 없는 소중한 경험이 되었다. 이제는 안드레아는 나에게 친형이자 친구 같은 존재가 되었다. 그리고 마치 함께 자란 형제 같은 느낌이 들 정도로 내 인생에 아주 중요한 인연이 되었다.

어학연수로 인연을 맺다

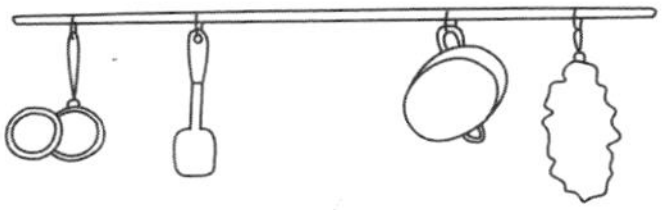

선진국으로 여행을 가면 항상 느끼는 게 비슷하다. 행동이 다소 조심스러워지고 말수가 적어지고 최대한 예의 바르게 행동하려고 노력하게 된다. 그만큼 그 나라의 사람들이 상대방을 먼저 생각하고 행동으로 옮기기 때문이다. 반대로 후진국으로 가면 한국에 대한 자부심이 무의식적으로 행동에 묻어나면서 간단한 음식을 주문할 때도 뭔가 자신 있게 말하게 된다. 가끔 말이 안 통하면 한국말로도 말하기도 한다. 내가 미국 뉴욕의 어학원에 처음 도착했을 때 많이 느꼈다. 아주 다양한 인종이 다 같이 모여서 오리엔테이션을 하는 날이었다. 모두 어색한 환경에서 처음 보니 서로 탐색을 하기 바빴다. 그러나 그중에서도 국가의 힘이 세다고 생각하는 국가의 친구들은 아주 조금 달랐다. 물론 이건 지극히 개인적인 생각이지만 소수는 공감할 것이라고 생각한다. 예를 들어, 역사가 미국보다 깊은 유럽 강대국인 프랑스나 이탈리아, 그리고 독일 등의 학생들을 보면 행동과 말투에서 자신감이 느껴지고 선생님에게 던지는 질문들이 자연스러워 보였다. 반면에 한국 학생들이나 동남아 학생들은 자연스럽게 차분한 모범생이 되었다. 물론 다시 말하지만 지극히 개인적인 경험에서 느낀 견해일 뿐이다.

어학연수라면 남부럽지 않게 다녀온 것 같다. 그것도 내놓으라는 명문 대학교에서 주관하는 여름학교 위주로 방학 동안 짧게 여러 번 다녀온 경험이 있다. 미국 동부 보스턴에 위치한 하버드 대학의 여름학교, 메리 빌 칼리지, 서부 로스앤젤레스에 있는 UCLA 여름학교에서 짧게나마 경험하면서 느낀 것들이 있다. 언제나 초심은 힘들게 온 만큼 많은 경험과 지식을 쌓고 가자 그리고 최대한 한국 친구들보다 외국 친구들을 사귀어 보자라고 굳게 다짐한다. 하지만 보통 어학연수를 가면 대부분 그 순간 어색함을 못 이기고 편한 길을 찾게 된다. 바로 말이 통하는 한국인 친구들이다. 어색하고 서먹한 분위기 속에서 대화가 되는 상대방을 찾으면 심리적으로 안정을 취하게 되고, 순간적으로 장소에 대해 적응하는 느낌을 받게 된다. 아마 모든 학생들의 기본 심리일 것이다. 이 방법이 무조건 잘못되었다고 이야기하는 것이 아니다.

왜냐하면 타지에서 잘 사귄 한국 친구들이 오히려 멀리 봤을 땐 직접적으로 도움이 될 수도 있기 때문이다. 하지만 나는 오히려 첫 수업의 어색함을 즐기고 자신 있게 수업에 참여했다. 어차피 이미 한국에 친구들도 있을 만큼 있고, 큰돈을 들여 뉴욕에 왔으니 다양한 외국 친구들을 사귀어서 그들의 문화를 직접적으로 느끼고 싶었다. 사실 외국인 친구들도 처음에는 서먹하고 서로 어색해서 처음에 누군가 말을 걸어 주면 매우 호의적으로 이야기해 주기 때문에 친해지기에는 더 쉽다. 결과적으로 지금 생각해보면 뉴욕에서 외국 친구들과 보낸 시간들은 아직까지 잊을 수가 없을 만큼 소중한 시간이었다.

나는 유독 북유럽, 서유럽, 동유럽 그리고 아시아권 친구들까지 매우 다양한 국가의 친구들과 친해지려고 노력을 많이 했다. 여기서 말하는 노력은 그들과 함께 보내는 시간에 무얼 하느냐가 아니라 무엇을 하든지 '같이' 시간을 보내는 것이었다. 예를 들면 다 같이 어디를 구경하러 간다고 하면 나도 적극적으로 참여했고, 방과 후에 맥주를 한잔 하러 간다고 하면 그 순간은 조금 피곤하더라도 나도 같이 있으려고 노력했다. 그 상황 자체를 최대한 즐기려고 애써보기도 했다. 타지에서 만난 외국인 친구들과 영어로 대화를 하는 것은 사실상 한계가 있다. 대화의 내용이 물론 특별하지도 않고 영양가도 없다고 충분히 느낄 수 있다. 하지만 이때 아니면 이런 시시콜콜한 수다 떠는 시간도 다시 돌아오지 않는다고 생각해야 한다. 맥주 한잔을 하면서 미완성된 대화를 나누는 자체가 의미 있는 것이다.

예전엔 꿈만 같았던 해외 어학연수가 지금은 많이 보편화되었다. 이제는 학력보다 경험이 더 경쟁력 있다고 생각하는 젊은이들이 늘어나고 있다는 것이다. 어학연수로 가장 많이 가는 국가는 캐나다나 미국이며 워킹홀리데이로는 호주가 많을 것이다. 떠나는 학생들에게 왜 가려고 하는지 물어보면 대부분 영어를 배우러 가기 위해서라고 대답한다. 그런데 현실적으로 갔다 온 학생들을 보면 어학연수를 다녀와서 정작 영어 실력은 투자한 돈과 시간 그리고 용기에 비해 실망스러운 경우가 많다. 그렇다면 비싼 돈과 시간을 투자해서 어학연수를 가는 진짜 이유가 무엇일까?

언어를 목표를 하고 가면 생각처럼 생산성 있는 어학연수가 안 될 수도 있다. 오히려 더 적응하기 힘들 것이다. 목표를 언어보다 그 나라와 친해지기 위해 문화를 즐긴다고 생각하면 언어는 자동적으로 따라오게 되어 있다. 다양한 국가의 친구들과 만나다 보면 나도 모르게 언어가 늘고 있다는 느낌을 받을 것이고 그때가 언어와 문화에 적응하고 있다는 메시지일 것이다.

그중에서도 마음을 나눌 수 있는 제대로 된 친구를 사귀는 것이 가장 큰 숙제이다. 타지에서 혼자 외롭게 살다가 한국에 돌아가겠다고 한다면 말리진 않겠지만 꼭 그럴 이유가 있을까. 유학을 온 나라에서는 내가 아닌 또 다른 나를 찾으러 나선 긴 여행이라고 생각하면서 기존의 나의 모습이 아닌 숨어 있는 새로운 모습을 탐색해야 한다. 그러기 위해서 기존에 갖고 있었던 생각이나 취향은 잠시 내려놓고 새로운 세상을 맛보려고 시도해 보는 것도 좋다. 앞에서도 이야기했지만 나는 7년이 지난 지금도 둘도 없는 친구처럼 연락하고 지내는 다양한 국가들의 친구들을 얻었다. 먼 훗날 결혼식에 무조건 불러야할 친구들이다. 나 또한 그 친구들이 결혼을 한다고 하면 어디든 갈 수 있다. 이미 가장 친한 일본 친구가 오키나와에서 결혼식을 해서 초대를 받아 다녀왔는데 정말 기분이 뿌듯했다.

사실 이런 만남은 토플 만점을 맞는 것보다 더 어려울 수 있다. 문화가 다른 외국 친구와 마음을 나누고 그것을 꾸준히 이어나가는 일이 쉬운 게 아니기 때문이다. 한국 친구들을 사귈 때보다 더 많은 배려를 해야 하고, 더 큰 이해의 폭이 있어야 진짜 친구로 거듭날 수 있다. 그 전까지는 그냥 서로 타지에서 만났으니 서로 심심하기도 하고 자연스럽게 상황이 흘러가는 데로 만나는 인연인 것이다. 6개월 후면 각자의 고향으로 돌아가 서서히 잊혀지기 마련이라 진짜 인연으로 만들기까지가 쉬운 일은 아니다.

정말 해외생활을 잘 마치고 온 친구들과 심도 있는 대화를 해보면 느낄 수 있다. 오히려 영어 실력은 물론이고 본인들의 삶의

가치관이 완전히 달라진 경우가 많다. 해외에서 혼자 고독하게 살아가면서 다양한 사람들과 부딪히면서 많은 것들을 보고 배워서 돌아온 것을 느낄 수 있다. 단순한 영어 실력보다 인생에서 가장 필요한 것을 얻어 온 것이다. 성공적인 어학연수는 그 나라에서 얻을 수 있는 문화적 경험을 최대한으로 쌓고 나 자신을 되돌아보는 시간이 된다.

맨해튼에서 존경받는 태권도 사범이 되다

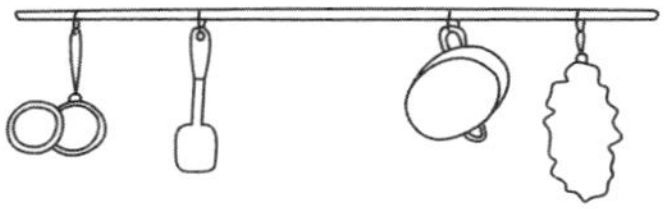

'미국에서 평범한 아시아인 유학생이 돈을 벌 수 있는 방법이 어떤 것들이 있을까?'

미국에서 유학생 신분으로 생활비를 벌기 위해 아르바이트로 돈을 번다고 생각하면 사실 쉽지 않다. 더군다나 미국에서 돈을 벌기란 외국인이기 때문에 더 제한적인 부분이 많다. 다문화 국가이기 때문에 인종차별이나 국가차별이 겉으론 없어 보일 수 있지만 이미 우린 차별화된 문화에 적응되어 눈높이에 맞춰 살아갈 뿐이다. 이런 경쟁과 차별이 있는 미국 사회에서 태권도 사범의 권위와 지위는 매우 높은 편에 속한다. 미국의 리서치 컨설팅 업체의 조사에 따르면 미국에서 명예로운 직업 순위에 자랑스러운 태권도 사범이 있었다. 현재까지도 태권도는 미국인들에게 단순 무술 수련을 넘어 자녀 교육에도 이르기까지 매우 높은 위상을 선점하고 있다.

대도시는 물론 작은 시골 마을에도 태권도장을 쉽게 찾을 수 있을 만큼 태권도의 인기는 현재까지 꾸준히 유지되고 있다. 미국에서 태권도의 시작은 지금으로부터 반세기 전이었다. 그 당시 미국 태권도의 아버지라고 불리는 준 리故이준구 사범가 밑바탕을 만들기 시작했다. 그는 미국의 유명 정치인을 비롯한 주요 인사들을 42년 동안 지도했고 이준구 사범의 태권도 열정을 눈여겨본 부시 전 대통령은 그를 체육 특별 고문으로 두기도 했다. 이렇게 미국의 많은 굵직한 인물들이 그를 스승으로 모시면서 미국인들 사이에서 태권도는 각광받는 스포츠가 되었다. 그러나 나에게 태권도 사범이란 직업이 그리 매력적이지 않았다. 한창 운동할 때는 먼 미래까지 생각을 하지 않고 운동에만 집중했다. 하지만 대학교를 졸업하고 선배들을 지켜보니 나의 미래가 대충 그려졌고, 그 길이 나에겐 크게 흥미를 주지를 못했다. 사실 남녀노소 불문하고 어릴 적에 태권도장은 한 번쯤 가 봤을 것이다. 그만큼 국민 체육으로 흔한 태권도는 사실상 특별하거나 신선한 체육은 아니었다. 그냥 우리가 어릴 때 한 번쯤 다녔던 수학 학원과 비슷한 존재로 남겨질 뿐이었다. 그래서인지 한국에서의 태권도 사범은 미국처럼 권위적인 직업도 아니고 존경받는 직업도 아니었다. 무도정신과 인성을 가르치는 도장의 분위기가 아닌 차량 운행부터 학부모를 상대하는 일이 사범의 일이 된 것이다. 예의범절을 중요시 여기고, 태권도 정신을 수양하는 도장도 있지만 대부분의 많은 도장들이 아이들과 학부모에게 휘둘리는 현실이 안타까웠다.

하지만 미국의 태권도 문화는 매우 달랐다. 새로운 걸 배우고 싶어서 태권도 사범은 안 하려고 했지만 경험 삼아 뉴욕에서 처음 태권도 사범 일을 시작했다. 예상대로 태권도에 대한 인식 수준이 다르다 보니 한국과 달리 가르치는 성취감도 있었고 무엇보다 미국에 적응하는 데 큰 자신감을 주었다. 체구도 작은 동양인이 미국에서의 적응이 쉽지 않았지만 태권도장 안에서 만큼은 절대적으로 사범에게 예의를 갖춰야만 했다. 일단 도장 안에서는 어떤 인종과 직업을 떠나 사범인 나에게 "차렷", "경례"를 외치며 인사를 해야 한다. 조금만 들여다보면 미국에서 태권도의 영향력은 상상 그 이상이다.

대학원을 다니면서 도장 일을 하는 건 그리 어려운 일이 아니었다. 미국 대학원은 은근히 자유로운 분위기 속에서 생각과 경험을 중요시하는 교육이었고, 학교도 주 3회 정도 나가면서 그 외 시간에는 논문에 필요한 경험을 할 수 있는 개인 시간이 많이 주어졌다. 도장 일 또한 대학원 전공과도 맞는 일이라 최선을 다해 가르쳤다. 아무래도 가르치는 입장이다 보니 언어의 장벽을 크게 못 느끼면서 학생들을 가르칠 수 있었다. 하지만 일이 어렵지 않고 쉬운 만큼 개인 발전에는 기대할 만한 게 크지 않았다. 그러다 보니 누군가를 가르치는 일이 지루하게 느껴지기 시작했다. 매일 똑같은 품새 1장부터 8장 그리고 발차기 등 반복적인 도장 내 수련 프로그램과 분위기가 시간이 흐를수록 재미없게 느껴지는 것이었다. 마치 '뉴욕의 우물 안 개구리가 되어 가는 건 아닌가'라는 생각도 들었다. 처음에는 뉴욕에서 다양한 외국인들을 가르친다는 신비스러움이 있었지만 그게 전부였다. 나는 좀 더 발전적인 무언가를 하고 싶었다. 내가 그동안 겪어 보지 못한 새로운 환경을 원했다. 한국에서 해 왔던 태권도가 아닌 나의 숨어 있는 또 다른 잠재력을 발견할 수 있는 새로운 환경을 꿈꾸기 시작했다.

관장님은 이런 내 마음을 읽으셨는지 어느 날 갑자기 나를 조용히 부르셨다. 도장 내 겨루기 시합 이벤트를 기획해 보라고 제안하시는 것이었다. 이건 가르치는 것이 아닌 이벤트를 기획하는 일이라 흥미로웠다. 나의 대학원 전공도 스포츠 매니지먼트이다. 그래서 나는 기다렸다는 듯이 기획안을 만들기 시작했다. 그리고 나는 관장님께 파격적인 제안을 했다.

"도장 내에서 말고 맨해튼에서 태권도 시합을 주최해 보는 건 어떨까요?"

관장님은 너무 놀라 눈이 동그랗게 커지면서 그게 어떻게 가능하겠냐고 물으셨다. 관장님 역시 내심 원하는 눈치였음을 느낄 수 있었다. 그리고 내가 한국에서 대학교 학회장을 하면서 태권도 시합을 주최한 경험이 많다고 설득하면서 참가 선수들만 어느 정도 모으면 충분히 시합을 여는 데 큰 문제는 없을 거라고 자신 있게 말했다. 기나긴 설득 끝에 최초로 맨해튼 내에 태권도 시합을 주최하는 준비로 바빠졌다.

사실 미국 내에서 크고 작은 태권도 시합은 꽤 많이 열리고 있다. 하지만 맨해튼에서는 아무도 도전하지 않았다. 왜냐하면 시합장 대관비가 다른 도시와 차원이 다르게 비싸기 때문이다. 지출이 큰 만큼 수익을 내려면 그만큼 참가 인원을 모아야 하는데 이것 또한 다른 도시에 비해 굉장히 어렵기 때문이다. 왜냐하면 맨해튼에는 전 세계적으로 주목받고 있는 NBA, MLB, NHL 등 다양한 스포츠 경기가 하루에도 몇 개씩 경기를 하기 때문에 비인기 종목인 태권도는 관심을 받기가 쉽지 않았다. 그래도 뉴욕시에 태권도 도장이 꽤나 많다고 들었기 때문에 태권도 수련생들 또한 생각보다 많을 것이라고 믿었다. 그래도 다행인 것은 내가 소속되었던 도장은 유일하게 맨해튼에서 가장 오래된 도장이었고 그만큼 수련생들도 많았다.

다음 날부터 시합 준비 위원회를 만들어서 먼저 시합장부터 찾아다녔다. 먼저 맨해튼 내에 있는 대학교 운동 시설 관리부를 다 찾아가서 협상을 시도하고 더 구미가 당기는 제안도 해 보았다.

하지만 미국은 생각보다 경기장을 대관하는 절차가 매우 까다로웠다. 이유는 안전에 대해 그 어느 나라보다 엄격하기 때문이다. 학교마다 까다로운 규정이 있었고 그걸 허락받기가 가장 어려웠다. 대회를 하려면 적어도 1500명의 인파는 몰리기 때문에 안전이 가장 중요한 부분이긴 했다. 그래도 운 좋게 헌터 칼리지의 실내 체육관을 섭외할 수 있었다. 위치도 매우 좋았고, 시설 또한 나쁘지 않았다. 관중석이 2000명까지 수용 가능했기 때문에 대관비 만큼이나 좋은 시설이었다. 이제는 마케팅만이 남은 상황이었다. 맨해튼 내에 태권도장에 다니는 모든 미국 태권인들에게 시합에 참가하라고 홍보를 해야 하는 것이었다. 이것 또한 쉽지 않은 일이었다. 태권도 시합은 맨해튼에서 주최하는 시합이 없는 것이지 퀸즈나 브루클린에는 매년마다 항상 열리는 태권도 시합이 있다. 그렇기 때문에 기존 참가자들이 굳이 맨해튼에서 열리는 새로운 태권도 시합에 참가하지 않을 수도 있기 때문이었다. 참가할 명분을 얻는 것이 관권이었는데 그래서 대회 타이틀을 'MANHATTAN TAEKWONDO OPEN'으로 정했다. 아무래도 맨해튼이 주는 도시 파워가 있을 것이라고 생각했기 때문이었다.

하지만 다른 시합보다 참가비가 좀 더 비쌀 수밖에 없고, 오히려 학부모에겐 맨해튼의 주차 문제 때문에 그리 매력적인 시합 조건은 아니었다. 차라리 대형 차를 한적하게 주차할 수 있는 외

곽에서 열리는 시합이 그들에겐 더 좋을 수 있었다. 좀 더 자세히 생각하지 못한 변수였다. 시합 날짜는 다가오고 있었고, 현재 참가 인원은 목표 인원에 절반도 못 채우고 있는 상황이었다. 게다가 시합장 수용 인원은 2000명인데 이대로라면 500명도 못 채우는 상황이 벌어질 판이었다. 내가 밑도 끝도 없이 원래대로라면 조그마한 도장 내의 이벤트로 끝날 일을 맨해튼 시합까지 판을 키운 것이었다. 순식간에 책임감과 두려움이 동시에 밀려들었다. 뉴욕 주 태권도협회에서는 관중석을 빼서 2000명 수용 인원을 1000명으로 줄이자는 말까지 나왔다. 하지만 그러기에는 내가 발로 뛰면서 전단지까지 돌리며 사람들을 만나 영업을 한 의미가 사라졌다. 나는 오히려 불안해 하는 협회 사람들을 만나 안심시키고 또다시 설득에 나섰다. 오히려 내가 더 초조해 하면 분위기 전체가 흔들릴 것 같아 최대한 앞에서는 흔들림 없이 최선을 다하는 모습을 보여줬다. 시합 날 직전까지 끊임없이 이메일을 발송하고 참가 선수 이외에 관중을 모으기 위해 한인타운 보이는 모든 사무실이나 가게에 들어가서 홍보물을 나눠 주며 한국 태권도의 위상을 올리는 데 도와 달라고 했다. 사실 타지에서 한국인들에게 애국심을 갖고 한국의 태권도를 이야기하면 안 도와줄 사람은 없지만 그들이 당일에 무조건 와줄 것이라는 보장은 거의 없는 것이었다. 그래도 시합 전날까지 최선을 다했다.

드디어 시합 날이 밝았다. 아침에 눈을 떠보니 심지어 비가 엄

청 쏟아지는 것이었다. 햇빛이 쨍쨍해도 사람들이 올까 말까 하는 상황이었는데 장대비가 쏟아지는 것이었다. 최악의 상황에 나도 걱정이 이만저만이 아니었다. 그래도 끝까지 희망을 잃지 않고 최대한 긍정적으로 생각했다. 우리는 시합장 안에서 한창 진행 리허설을 해야 했고, 시합장 밖에 몇 명이 대기를 하고 있는지는 모르는 상황이었다. 준비를 마치고 시합장 밖을 나가는 순간

참가 선수 90%가 외국인

'뉴욕주지사배 맨하탄 오픈 태권도 대회' 성황

'2013 뉴욕주지사배 맨하탄 오픈' 태권도 대회가 2일 맨하탄 헌터칼리지 실내체육관에서 성황리에 개최됐다.

맨하탄에서 27년 만에 열리는 대규모 태권도 대회로 뉴욕주태권도협회(회장 홍순길)가 세간의 관심을 모으며 개최한 이 대회는 연령에 따라 나뉘진 5개 부문의 8개 체급에 총 400여명의 선수들이 참가해 열띤 경쟁을 펼쳤다.

특히 참가자의 90%이상이 트라이 스테이트 등 미동부 일대에서 온 비 한국인 선수였으며 푸에르토리코와 콜롬비아 등 해외 선수들까지 참가해 태권도의 세계화를 상징적으로 보여주는 대회로 치러졌다.

또한 이날 한인 1.5세 및 유학생 등으로 구성된 한국문화 알리기 비정부기구(NGO) 단체 'SNCNewYork(STIGMA AND COGNITION NY)의 한국 사진전도 함께 열려 한국의 문화를 뉴욕 현지에 소개하는 자리도 마련됐다.

대회장을 맡은 김광섭 뉴욕주태권도협회 수석 부회장은 "태권도를 뉴욕시민의 스포츠로 발돋움시키자는 뜻에서 대회를 개최했는데 반응과 결과가 좋아 시정부 관계자와 함께 맨하탄 오픈 대회를 계속 지속시켜나가는 방안을 함께 조율 중"이라고 밝혔다.

(천지훈 기자)
chunjeehoon@koreatimes.com

2일 '2013 뉴욕주지사배 맨하탄 오픈' 태권도 대회가 열린 헌터칼리지 실내체육관에서 참가선수들이 기합소리와 함께 힘찬 발차기를 하고 있다.

충격적인 상황이 눈앞에 펼쳐졌다.

몇 백 명의 참가 선수들과 관중들이 두 줄로 시합장 건물 벽으로 줄을 길게 선 채 기다리는 것이었다. 소름이 돋을 정도로 속으로 너무 기뻤다. 마치 기적이라도 일어난 것처럼 믿기지 않았다. 마치 이 시합 날만을 기다렸다는 것처럼 참가 선수들이 입장을 기다리고 있었고, 우려했던 관중 인원도 거의 빽빽하게 채울 수 있었다. 저 멀리서 관장님 또한 믿겨지지 않는다는 표정으로 나를 바라보셨다. 기적 같은 일에 시합을 준비한 모두가 흥분 속에서 시합을 차근차근 진행해 나갔다. 제 시간에 심판들도 대기해 주었고, 참가 선수들도 너무 열심히 시합에 임해 주었다. 기존의 미국 태권도 시합과 달리 차별되는 시합 수준과 진행에 모두가 박수를 보내왔다. 나와 관장님은 너무 기뻤고 뿌듯했다. 마지막 시상식까지 성황리에 시합은 마무리되었다.

정말 무에서 유로 창출한 것처럼 기쁘고 뿌듯했다. 단독으로 내가 처음부터 기획해서 만든 첫 맨해튼 행사가 이렇게 성공적으로 끝날 줄이야 나도 상상하지 못했다. 그래서 더욱 만족스러웠고 뿌듯했다. 그 뒤로 지금까지 내가 해 놓은 그대로 매년 맨해튼 태권도 대회는 열리고 있다. 정말 내 자신이 자랑스러운 순간이었다.

브루클린 대학원생이 되어 진정한 나를 찾아 나가다

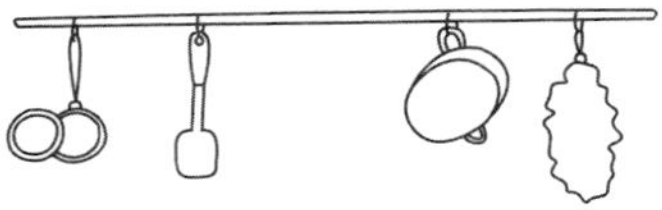

어느덧 뉴욕에서 생활한 지 일 년이 거의 다 되어 가고 있었다. 뉴욕에 있으면서 영어 공부에 집중한 것보다는 다양한 외국인 친구들을 사귀면서 그들의 문화를 알아 가는 재미로 지냈던 것 같다. 그 당시 책상 위에서 하는 공부보다 부딪히며 경험하는 것으로 인생 공부를 하고 싶었다. 한국에서 큰돈을 들여서 이 머나먼 나라 미국까지 온 근본적인 목적이 무엇이냐고 누군가 묻는다면 나는 주저하지 않고 한국에서 하지 못하는 다양한 경험을 쌓는 것이라고 말할 것이다.

뉴욕에는 매우 다양한 문화가 공존하고 그 문화 속에는 무궁무진한 사업 아이템이 존재하고 있다. 여기저기 돌아다니면서 패션, 음식, 건축, 디자인, 뷰티 그리고 벤처 기업들까지 매우 다양한 분야를 보고 직접 느끼는 것은 가장 큰 경험이자 진짜 공부였다. 외국에서 직접 몸으로 느낀 것들이 한국에서는 좋은 사업으로 이어질 수도 있기 때문이다. 그래서 나는 시간만 나면 뉴욕 방방곡곡을 파헤치듯이 자전거를 타고 돌아다녔다. 뉴욕에 더 오래 있고 싶다는 생각에 스포츠 경영 대학원 석사를 준비하게 되었다. 사실 대학교를 졸업하자마자 무조건 뉴욕으로 가야겠다고 생각했지만 대학원을 갈 계획은 없었다. 일단 공부를 더 하려고 온 건 아니었기 때문이다. 내가 뉴욕을 오려고 했던 이유는 더 큰 세상을 보고 싶었기 때문이다. 그래도 무작정 노는 것 또한 바람직한 길은 아닌 것 같아 조금 더 전문적으로 공부하면서 동시에 뉴욕과 친해지기로 마음먹고, 미국에서의 석사 학위에 도전했다.

일단 기본적으로 미국 대학원에 입학하려면 미국에서 인정하는 토플 점수가 있어야 했다. 하지만 꼭 토플 점수가 높다고 해서 무조건 입학할 수 있는 것도 아니었다. 미국은 토플 점수만큼 특별활동이나 경험에 의미를 두었다. 예를 들어 해외 봉사 활동이나 대학교 때 학생 회장 같은 리더십 활동을 했다면 큰 가산점 대상이 된다. 나에겐 매우 좋은 기회였다. 4년의 대학 생활 동안 과대표부터 학생 회장까지 쉬지 않고 활동을 많이 했기 때문이다. 그리고 앞에서 말했던 뉴욕에 오자마자 태권도 사범 활동부터 맨해튼에서 시합을 주최한 경험까지 다양한 특별 활동이 대학원에 진학하는 데 큰 도움이 되었다. 운이 좋게도 한 번에 뉴욕 브루클린에 위치한 브루클린 대학교의 스포츠 경영 대학원에 합격했다. 스포츠에 열정이 넘치는 학생들과 유능한 교수진들이 있기로 유명한 학교였다. 무엇보다 캠퍼스가 매우 예쁜 학교로 알려져 있었다. 합격 소식을 듣고 부모님 또한 매우 뿌듯해 하셨다.

첫 수업에 들어간 순간 동양인은 나밖에 없었다. 그리고 대학원이다 보니 대부분 평균 나이도 많았고 심지어 현역으로 활동하는 운동선수도 있었다. 그러다 보니 수업 수준이 매우 높게 느껴졌다. 수업은 원어민들이 실제로 쓰는 미국식 영어는 물론이며 스포츠 산업에 대한 배경지식이 기본적으로 있어야 수업을 따라갈 수 있을 정도였다. 미국인들이 열광하는 NFL, NBA, 그리고 MLB와 같은 스포츠에 대해 어릴 때부터 보고 자란 학생들이 거의 대부분이었다. 한국으로 따지면 어릴 때부터 아빠 손잡고 야구장에 다닌 친구들과 같이 스포츠에 대해 토론하는 것과 같다. 대학원 수업을 참여하면서 많은 회의감과 나에 대한 의구심이 들기 시작했다.

'과연 내가 정말 스포츠를 좋아하고는 있는 걸까?'

정말 좋아한다면 뉴스 기사도 꼼꼼히 챙겨 읽고, 유튜브로 모든 경기 하이라이트를 챙겨 볼 정도로 몸에 습관처럼 되어야 하는데 난 사실 그렇지 않았다. 그러니 미국 NFL, NBA 등과 같은 경기는 오죽했겠는가. 전혀 관심이 없었다.

어릴 적부터 내게 스포츠는 오직 태권도 하나였다. 오로지 중학교부터 대학교까지 접한 스포츠는 태권도였기 때문에 다른 종목에 관심을 가질 여유가 없었다. 이건 어느 한 종목만 하는 운동선수라면 다 비슷할 것이라고 생각한다. 매번 수업을 마치고 과제를 할 때는 남들보다 몇 배로 고생할 수밖에 없었고, 아주 간단한 리포트도 밤을 새가며 인터넷을 뒤지며 억지로 이해하고 외워야 했다. 또 영어로 쓰고 외워야 하니 나에겐 정말 쉬운 일이 아니었다. 오히려 석사가 아닌 학부라면 그나마 어린 친구들도 많기 때문에 교수님도 학생들이 실수를 해도 나름 이해하고 넘어가지만 대학원 분위기는 그렇지 않았다.

우선 미국과 한국의 엘리트 체육에 대한 교육 체계는 차원이 달랐다. 무엇보다 사람들이 운동선수에 대한 선입견이 가장 달랐다. 만약 우리나라에서 중고등학교 운동부라고 하면 공부를 당연히 못 한다고 생각하는 경우가 많다. 정확히 말하면 공부를 못 해서 운동만 하는 것이 아니라 운동에 소질이 있어서 오로지 운동만 시켜서 공부를 못 하게 되는 것이다. 반면에, 미국에서 운동부는 운동도 잘하고, 공부도 잘하는 학생으로 인식되어 있다. 미국은 학교 자체에서 절대 운동부를 운동만 시키게 두지 않는다. 공부와 운동을 병행할 수 있는 교육 시스템이 잘 되어 있다. 이런 교육 시스템은 운동을 하는 학생들에게는 아주 좋은 여건이다. 부상이나 어떤 이유로 인하여 나중에 운동을 못 하는 상황이 되더라도 공부를 해 왔기 때문에 충분히 다른 분야로 전환할 수 있는 발판이 잘 마련되어 있는 셈이었다.

아쉽지만 내가 운동해 왔던 환경을 간단하게 말하자면, 먼저 중고등학교 때는 교복과 책상이 없었고, 담임 선생님이 누군지 정확히 몰랐다. 아마 나뿐만 아니라 비슷한 시기에 운동을 했다면 거의 나와 비슷할 것이다. 교실 친구들을 몇 번 못 보고 중고등학교를 졸업하는 경우가 대부분이었다. 거의 수업을 못 듣기 때문에 주로 담임 선생님보다는 코치님과 감독님의 지시를 따라야만 했다. 사실 숨이 턱 끝까지 차는 강도 높은 훈련을 마치고 바로 교실로 향하는 것은 누구에게나 쉽지 않은 일이다. 개인적으로 나는 무조건 공부가 병행되어야 내 미래가 밝겠다는 생각이 계속 들었다. 더 정확히 말하자면 운동선수에 대한 큰 비전을 못 봤다고 이야기하는 게 맞을 것이다. 그래서 고심 끝에 결국 감독님께 야간 운동 대신 교실 학생들처럼 야간 자율 학습을 하게 해 달라고 말했다. 당연히 무슨 말도 안 되는 소리를 하냐는 핀잔을 들어야만 했다. 하지만 내 생각은 여전히 변함없었다. 그래서 결국 나는 오전, 오후에는 강도 높은 훈련을 열심히 하고, 밤에는 교실 친구들과 함께 야간 자율 학습에 참여해서 밀렸던 공부를 하기 시작했다. 아마 미국에서 대학원을 다니면서 공부했던 시간이 인생에서 가장 고도의 집중력을 발휘했던 시간이었을 것이다. 입학은 쉬웠지만 졸업은 매우 힘든 곳이 미국 대학원이다. 정말 쉽지 않은 시간이었다. 끝이 안 보이는 영어 어휘 능력과 보이지 않는 인종차별 그리고 잘 해야 된다는 압박감이 고스란히 스트레스로 이어졌다.

2년 동안 학교를 거의 혼자 다녔다. 맨해튼 유니온스퀘어역에서 그린 라인을 타고 한 시간을 달려 브루클린 끝으로 가면 플레부시 애버뉴와 브루클린 대학 역이 있다. 그리고 역에서 내리면 바로 브루클린 대학교가 보인다. 학교를 가는 자체가 힘든 여행과 같았다. 수업에서 아시아인이 나밖에 없었던 것 같다. 그리고 학생들의 70퍼센트 이상이 현역 운동선수로 활동하고 있는 순수 미국인들이었다. 그들과 소통하고 친해지기 위해서는 영어를 잘하는 것보다 미국 스포츠에 대해 잘 알아야 했다. 미식축구 경기 자체를 처음 본 나에겐 너무 먼 세상이었고 어려웠다. 그렇다고 미식축구가 재미있지도 않았다. 미국 대학원 스포츠 경영을 전공으로 들어왔는데 미국 스포츠에 관심이 없으니 큰일이었다. 미국에서 스포츠는 농구가 아닌 NBA였고, 야구가 아닌 MLB라는 고유명사가 너무 꽉 자리 잡고 있었다. 게다가 슈퍼볼 시즌은 거의 월드컵 그 이상의 열기였다. 나로썬 전혀 공감이나 공유도 안 되는 상황이었다. 다른 스포츠에 관심이 없다는 것은 체육인으로써 가장 큰 단점이었다. 다양한 스포츠에 박학다식하게 알고 대화를 해야 하는데 태권도만 알다 보니 수업 내용을 이해하기가 점점 어려워졌다.

그러나 나는 걱정하거나 불안해 하기보다 오히려 매우 긍정적으로 생각했다. 내가 무엇에 관심이 있는지 정확하게 알아 갈 수 있는 좋은 시간이라고 생각한 것이다. 지금까지 운동부에 있다가 체육대학교를 졸업했으니 당연히 남들보다 스포츠를 더 좋아한다고 착각하고 산 것은 아닌지 말이다. 인생에서 진정 필요한 시간이라 생각했다. 돌이켜 생각해 보면 미국에서 대학원을 다니면서 중요한 인생의 방향을 잡을 수 있었다.

아르바이트로 주방 일을 시작하다

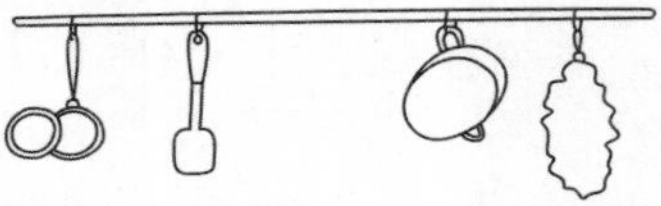

나는 대학 시절에는 많은 경험을 해야 한다고 생각했다. 그래서 안 해 본 아르바이트가 없을 정도로 다양한 직종의 일을 많이 해 봤다. 아르바이트를 하며 간접적으로 사회생활을 배우기 시작했고 특히 사람을 파악하고 내가 일하는 환경을 살펴보았다. 그리고 그 일이 재미있어 보이면 주저 없이 도전했다. 아르바이트는 힘들기도 했지만 무엇보다 나를 자유롭게 해 주었고 풍성한 대학 생활을 만들어 주었다. 이런 경험을 통해 가장 큰 수확이라고 하면 돈보다 내가 무엇에 흥미를 느끼는지 알 수 있는 것이었다.

오래 전부터 공부벌레를 낳는 듯한 한국식 교육 환경에 문제

의식을 갖고 있었다. 그러나 예전이나 지금이나 예체능은 비교적 경시되고 오로지 영어, 수학, 국어 등 입시 과목을 중요시 여기는 것은 변하지 않은 것 같다. 학교에서 중요시하는 교과 과목을 공부하면 진정한 학생이고 미래의 도움이 된다고 생각하지만, 아직도 예체능 활동은 그저 노는 것이라고 생각하고 있는 사람이 있는 것이 대한민국 교육관의 현실이다. 이런 환경 속에서 자란 우리들에게 취미가 무엇이냐고 물어본다면 우물쭈물하다가 '영화감상', '독서', '운동' 등이라고 대답하기 일쑤이다. 대한민국 모든 사람들은 왜 한결같은 취미가 있는지 모르겠다. 여가 활동을 해볼 수 있는 기회와 시간이 없는데 자신이 무엇을 좋아하는지 어떻게 알 수 있을까?

내가 이 책에서 자주 이야기하려는 것이 '취미론'이다. 취미의 사전적 의미는 3가지가 있다.

첫째, 전문적으로 하는 것이 아니라 즐기기 위하여 하는 일, 둘째, 아름다운 대상을 감상하고 이해하는 힘, 그리고 마지막으로 감흥을 느끼어 마음이 당기는 멋이다. 취미가 있는 삶과 없는 삶의 라이프스타일 차이는 아주 클 것이다. 특정한 목적을 가지고 하는 것이 아니라 취미를 통해 인생을 즐길 줄 안다면 우리의 삶의 수준은 높아질 수 있다.

나의 진정한 취미는 '먹는 것'과 '요리하는 것'이다. 나는 뉴욕에 살면서 가장 좋다고 생각한 점은 맛있고 멋있는 가게들이 무궁무진하게 많다는 것이었다. 새로운 곳을 찾아 떠나는 일에는 언제나 적극적으로 돌아다녔다. 점심을 두 번 먹어도 괜찮았고 새로운 음식을 먹는 것에 돈을 아끼지 않았다. 처음 가는 레스토랑의 메뉴판을 정독하는 것도 재미있었다. 그렇게 세월이 흐르면서 뉴욕의 숨은 맛집들을 찾아내서 나만의 리스트를 만들었다. 그리고 내가 만든 리스트를 주변 사람들과 공유하는 뿌듯함도 있었다. 이 정도면 먹는 것과 식도락은 내 취미라고 말할 수 있지 않을까 싶다.

어느 날, 내가 요리에 대해 관심이 많다는 것을 알고 있는 지인이 갑자기 레스토랑 주방에서 일을 해 보지 않겠냐는 가벼운 제안을 했다. 그 제안이 자기 전까지도 생각이 나 결국 그 지인에게 다시 연락해서 소개를 받게 되었다. 결국 지인의 도움으로 맨해튼 헬스 키친에 위치한 프렌치 코리안 퓨전 레스토랑에 인터뷰 날짜가 잡혔다. 역시 인생은 네트워크임을 또다시 느꼈다. 모든 일이 해결된 느낌이었다. 상호와 주소만 받고 무작정 찾아간 레스토랑 분위기는 매우 포근하고 따뜻했다. 빨간 벽돌과 빈티지한 우드 감성의 분위기가 멋진 레스토랑이었다. 한식 식재료로 프렌치 조리법을 이용하여 만든 프렌치 코리안 레스토랑이었는데 요리사와 사장님은 한국인이었지만 레스토랑 분위기만큼은 매우 뉴욕스러웠다.

셰프님과의 첫 만남은 매우 인상적이었다. 동양인에게 흔치 않는 풍성한 턱수염과 눈빛이 압도적이었다. 그와 30분 정도 대화를 나눠 보니 이곳에서 일을 시작하면 뭐 하나라도 제대로 배울 수 있겠다는 생각이 들었다. 열심히 일하겠다고 나의 포부를 밝히자 나의 이런 태도가 좋은 인상으로 남았는지 다행히 다음날 바로 주방 막내로 출근을 할 수 있게 되었다.

다행히 대학원 수업은 주 2~3회 수업이라 시간적 여유는 있었다. 물론 수업보다 석사 논문을 써야 하는 시기였지만 논문보다 주방에서 일을 하고 싶었다. 그때 내 나이가 꽤 어린 나이라 '대학원'이 크게 와 닿지 않았던 것 같다. 그래서 학교에 다니는 동안에는 수업이 끝나면 최대한 주방에 가려고 애썼다. 심지어 일과 수업이 겹치면 나는 수업 시간표를 어떻게든 조정해서라도 매장에 나가려고 했다. 부모님이 돈을 벌어 오라고 윽박지른 것도 아니었고, 꼭 돈이 필요한 것도 아니었는데 왜 그랬을까? 물론 이 시간에 수업 시간에 배운 내용을 복습한다든지 아니면 내 전공에 도움이 될 만한 공부를 했다면 더 내게 도움이 되지 않을까 하는 생각도 했었다. 하지만 이럴 때일수록 너무 복잡하게 미래를 고민하기보다 오히려 단순하게 생각하고 실천하는 것이 답이라고 생각했다. 그때는 대학원 스포츠 교과서 책을 읽는 것보다 주방에서 일을 하는 것이 더 행복했다.

주방에서 내가 할 일은 재료 손질이었다. 주방 전문 용어로 '프렙preb'이라고 한다. 당시 칼로 하는 것은 자신이 있었기 때문에 재료 손질도 쉬울 것이라고 생각했다. 하지만 정말 큰 착각이었다. 일단 프렙은 가장 일이 다양하면서 많기 때문에 모든 일을 빠르고 정확하게 해야 했다. 당근 손질부터 양파 까기, 새우, 송어 손질, 디저트 만들기, 각종 소스 만들기 등 할 일은 산더미였다. 게다가 주방 분위기는 영화처럼 아주 살벌했다. 긴장을 많이 해서 그런지 평소 나답지 않는 실수도 연달아 했다. 집에서는 잘 하던 칼질도 주방에서는 애송이처럼 손을 부들부들 떨었다. 이런 모습이 어색했고 가끔은 자존감이 떨어질 때도 있었다.

첫 주문이 들어오는 순간 주방은 전쟁이 시작되었다. 첫 주문이 올라오자마자 셰프님께서 큰 소리로 메뉴를 외쳤다. 그러면 각자의 위치에서 맡은 조리를 시작한다. 나는 상관없이 계속 재료 손질을 했다. 그렇게 열심히 하다 보니 얼마 되지 않았지만 운이 좋게 튀김 메뉴까지 맡게 되었다. 나중에는 오픈키친까지 나가서 차가운 메뉴까지 맡아 플레이팅도 했다. 역시 현장에서 직접 몸으로 부딪혀서 일을 배우다 보니 일을 배우는 속도가 매우 빨랐다. 아침 10시부터 저녁 10시가 넘도록 주방에서 일을 하는 것이 쉽지만은 않았다. 그래도 좋아하는 일을 하니 몸이 힘들지만 오히려 힘이 나는 기분이 들었다. 가끔은 주방 지하에 혼자 내려가서 닭 날개 손질만 3시간, 포기 김치만 30킬로그램을 썰어 담기도 했다. 당연히 힘들었지만 나에게는 그저 즐거운 숙제 같았다.

주방 일을 시작하면서 놓칠 수 없는 즐거움이 있었는데 '금강산도 식후경'이라는 말이었다. 열심히 일을 하고 있으면 중간에 셰프님이 직접 해 주시는 직원 식사는 그야말로 최고의 꿀맛이었다. 나중에는 간식을 위해 더 열심히 일할 정도였다. 내가 주방에서 열정적으로 일했던 경험이 쌓여 단순 아르바이트를 넘어 나의 요리 실력이 발전할 수 있었다.

이런 좋은 취미이자 특기를 만들어 주신 데이비드 셰프님이 나의 요리 스승님이다. 그는 뉴욕 미슐랭 스타 셰프 출신으로 나에게 요리의 기본적인 기술과 지식은 물론이고 요리를 내 취미로써 즐길 수 있게 만들어 주셨다. 비록 주방에서는 엄격하게 소리도 치시지만 주방이 마감되는 순간에는 동네 형처럼 장난도 쳐 주시면서 주방 팀을 이끌어 주셨다. 특히 고기 손질과 요리가 주특기였으며 미대 출신답게 남다른 플레이팅 감각을 갖추고 계셨다. 똑같은 부위로 평범하게 조리를 하는 것을 싫어하셨고 남들이 버리는 부위로 가장 맛있는 고기 요리를 창조해 내셨다. 이런 요리에 대한 독창성과 열정은 옆 사람까지 느낄 수 있었다. 그를 보면서 요리는 종합예술 그 자체라는 것을 실감했다.

취미에 따라 인생의 모습이 바뀔 수 있다. 어떤 취미를 갖고 사느냐에 따라 생각의 시작점이 달라지기 때문이다. 나는 요리하는 것과 음식을 먹는 것이 취미가 된 이후로 음식 관련 사업에 관심을 갖기 시작했다. 자연스럽게 음식 매거진도 정기 구독을 신청하여 읽게 되었고 뉴스를 보더라도 외식업의 현재 상황에 대해 유심히 보았다. 사회에서 처음 만나는 사람들과도 친해지는 가장 쉬운 방법이 서로 간의 공통분모를 이야기하는 것이다. 학연이나 지연이 전혀 관련 없는 처음 본 사람과 대화를 이어나가고 친해지기가 매우 어렵다. 하지만 대화 도중에 비슷한 취미라는 것을 서로 알게 된 순간 시간이 부족해서 대화를 못할 정도로 말이 많아지게 된다. 이렇듯 인생에서 취미는 중요한 역할을 할 때가 있으니 만약 지금 취미가 뚜렷하게 없다면 당장 내가 무엇을 좋아하는지부터 고민해 보는 것을 추천한다.

홈레스토랑
원테이블을 시작하다

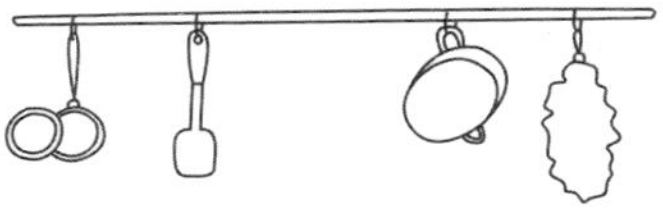

뉴욕에서 생활한 지 4년이 지나다 보니 나도 모르게 집안 관리에 내공이 쌓이기 시작했다. 스스로 집 안의 인테리어를 꽤 능숙하게 다룰 수 있게 되었고 무엇보다 살림을 하는 것에 크게 스트레스를 받지 않은 채 집 안을 꾸미는 것에 즐거움을 찾을 수 있었다. 잘 차려진 주방에서 요리를 하는 것은 나의 소소하고도 확실한 행복이었다. 내가 요리를 하는 것을 좋아하는 이유는 남들에게 행복을 줄 수 있기 때문이다. 나는 남에게 베푸는 것을 즐긴다. 특히 먹는 것으로는 잘 베풀고 상대방이 좋아하면 나도 덩달아 기분이 좋아진다. 그래서 친구들이랑 밥을 먹으러 가서 맛있게 잘 먹으면 내가 나서서 계산하려고 한다. 내 사람들에게 맛있는 밥을 사 주는 건 전혀 아깝지 않다. 그런데 술값은 잘 안 낸다.

내가 가 보고 좋았던 식당은 꼭 주변 사람들에게 알려 주면서 그 기쁨을 공유하는 것을 좋아한다. 그래서 개인적으로 음식을 나눠 먹는 것을 좋아한다. 나는 간혹 음식을 나눠 받으면 남다르게 더 감동하고 더 인간적인 감정을 느낀다. 정말 별거 아니라고 생각할 수 있지만 아직 기억에 남는 일이 있었다. 뉴욕에서 친했던 누나가 있었는데 장을 보다가 포도가 맛있어서 내 것까지 한 상자를 사온 것이다. 너무 고마운 마음에 나도 그 후로 그 누나 뿐만 아니라 주변 사람들에게 맛있는 음식을 선물하는 것을 좋아하게 되었다.

집에서 자주 요리를 하게 되니 친한 친구들은 자연스럽게 밥을 먹으러 집으로 가도 되냐고 물었다. 나는 너무 흔쾌히 와서 얼마든지 먹으라고 했고, 밥이 없어도 있다고 말할 정도로 그런 상황이 오는 것을 즐겼다. 일단 우리 집을 편하게 생각하는 것 자체가 좋았고, 밥을 해 줄 수 있다는 것도 사람 사는 기분이 들어서 좋았다. 대부분의 유학생들은 집에서 밥을 제대로 해 먹지 않으니 내가 해 주는 집밥을 언제나 맛있게 먹었다. 미역국에 맛있는 김치만 있어도 행복한 시절이었다. 그런 친구들에게 맛있는 밥을 대접한다는 것은 큰 행복이었다.

부모님이 타지에 있는 자식을 걱정하는 것은 오로지 밥은 잘

챙겨 먹고 다니는지를 가장 걱정하시는 것이다. 그런데 그 걱정은 언제나 사실이다. 혼자 살 때 가장 신경을 안 쓰는 부분이 바로 불규칙한 식습관이다. 아침을 주스 한 잔으로 때우는 건 물론이고, 한 끼라도 제대로 밥을 해 먹기가 쉽지 않다. 과일 정도라도 챙겨 먹고 다닌다면 잘 훈련된 자취생이다.

나는 어렵게 뉴욕에 온 만큼 후회 없는 하루하루를 보내려고 노력했다. 우선 매일, 매달 계획을 세워서 그것을 지키기 위해 부지런히 살았다. 그런데 타지에서 인간관계든 학업이든 내가 하고 싶은 취미에 집중을 하다 보면 취미 이외에 인생에서 가장 우선시되어야 하는 것들을 종종 놓칠 때가 있었다. 당연히 우선시 되어야 할 우선순위는 건강이다.

나는 요리를 하면서 자연스럽게 규칙적인 식습관을 갖게 되었다. 자기 전에 먹고 싶은 레시피를 연구하고 습득하여 다음 날 학교 수업을 마치고 장을 봐 왔다. 집에 돌아오는 길에 조리법을 상상하며 귀가하는 것이 삶의 낙이었다. 요리는 순서가 매우 중요하기 때문에 원리를 완벽히 이해해야 한다. 한식뿐만 아니라 내가 좋아하는 음식은 따지지 않고 다 시도해 보았다. 나는 이탈리안 스타일 파스타를 가장 즐겨했다. 파스타 요리 또한 조리 순서도 명확하고 들어가는 재료도 많지 않기 때문에 요리를 할 때 가장 쾌감을 느끼는 요리 중 하나이다. 보기에는 간단해 보이지만 재료가 들어가는 타이밍과 순서가 달라지면 결과적으로 전혀 다른 맛이 나오기 때문에 생각보다 어려운 요리이기도 하다.

이탈리아 요리의 대명사인 파스타는 이탈리아인들의 특유의 생활 문화와 관습으로 성장한 음식이다. 전 세계적인 음식으로 자리 잡힌 파스타는 너무 다양한 방법으로 알려져 있지만, 이탈리아 땅에서는 아주 정교하고 과학적인 요리로 여겨지고 있다. 우리가 알고 있는 파스타 종류는 정말 몇 백 개 중 몇 개일 것이다. 이탈리아 파스타 종류는 대략 400종이 넘는다. 그리고 파스타의 반죽의 강도와 면을 삶는 시간은 매우 엄격하고 중요하다.

어느 날, 같이 살던 동생이 갑자기 나가게 되면서 큰 거실이 휑하게 남겨졌다. 또 다른 룸메이트를 구할까 생각하다가 더 이상 누군가와 함께 살고 싶지 않았다. 그렇다고 그냥 방치해 두기엔 너무 큰 부담이었다. 그래서 생각해 낸 것이 의미 있는 공간으로 만드는 것이었다. 그 첫 시작이 바로 '원테이블 홈레스토랑'이었다. 집밥이 그리운 유학생 친구들을 위한 밥집이라고 생각하면 쉽다. 내 요리를 주변 친구들에게 공유하는 것이다. 거실에 6명 정도가 앉을 수 있는 긴 나무 테이블을 들여 놓고, 서랍에는 와인과 커피 그리고 각종 차를 사다 놓았다. 나름 홈레스토랑 느낌이 났다. 물론 돈은 받지 않았다. 대신 집에 오면 방명록을 쓰게 했고 와인을 챙겨오게 했다. 매주 주말마다 돌아가며 친구들을 초대했고, 난 그날 어떤 요리를 해볼까 상상하며 일주일을 보냈다. 당일 아침이 되면 첼시마켓에 가서 양손 가득히 장을 보고 요리 준비를 대낮부터 시작했다.

처음에는 간단한 가정식 백반 스타일로 하다가 인원이 많아지면 나름 거창한 요리도 시도했다. 스케치북만한 통삼겹을 썰지 않고 내가 만든 된장 소스를 고르게 바르고 난 뒤 그대로 오븐에 넣어 저온에 6시간을 구웠다. 통바베큐 된장 구이를 들고 거실로 나오는 순간 친구들의 반응은 매우 뜨거웠다. 그리고 친구들이 먹고 만족해 하는 반응만 봐도 내 배는 저절로 불렀다. 이렇게 주기적으로 친구들을 초대해서 요리한 내용들을 기록에 다 남겼다. 나만의 요리 일지 같은 것이었다. 소꿉놀이 같지만 나에겐 준비하는 과정부터 끝까지 나름 체계적으로 기획한 것이었다. 사람들이 이렇게 나의 집을 편하게 드나드는 게 좋았다. 뭔가 더 정이 느껴지고 함께 사는 냄새가 난다고 해야 할까.

어느 날 아는 형으로부터 난감한 제안을 받았다. 나에게 간단하게 식사 겸 파티를 계획 중인데 와서 출장 요리를 부탁한다는 것이었다. 나는 어디까지나 취미로 친구들을 대상으로 하는 것이지 모르는 사람들 앞에서 하는 요리는 부담이 되서 못한다고 몇 차례 말했지만, 형은 그냥 평소 하던 대로만 해 주면 된다고 하면서 무조건 해달라는 식이었다. 너무 부담스럽고 막막했지만 한편으로는 못할 이유는 없었다. 그래서 한번 해 보겠다고 하고 며칠 동안 메뉴 고민을 하고 나름대로 열심히 준비했다. 마치 출장 셰프가 된 느낌이었다. 그날 메뉴는 유자 소스로 만든 콜드 파스타, 페페론치노로 조금 매콤한 토마토 리조또, 크림 홍합찜, 그리고 디저트로 프렌치식 호떡을 준비했다. 그동안 셰프님 밑에서 어깨너머로 보고 배운 요리 솜씨를 뽐낼 시간이었다. 드디어 파티의 날이 밝았다. 스튜디오에 도착하자마자 초긴장 상태로 플레이팅을 준비하고 있었다. 예정된 손님들이 하나둘씩 들어오기 시작했다. 며칠 동안 이미지 트레이닝을 했던 서빙 순서와 상황이 조금씩 달라지면서 극도로 긴장하기 시작했다. 아무래도 처음이다 보니 요리 수행 능력보다 상황에 익숙하지 않았던 것 같다. 한참 집중하며 준비하고 있는 도중 어느 한 중년의 여성 분이 다가와서 내가 준비하는 모습에 관심을 보이는 것이었다. 메뉴에 대해서도 물어보며 여러 질문을 했다. 당시에는 요리를 해야 해서 마음의 여유가 전혀 없는 상태로 대답까지 친절하게 해야 하니 심적으로 여간 힘든 게 아니었다. 결국 성공적으로 정성스럽게 준비한 모든 음식이 나가고 손님들이 식사를 시작했다. 다행히 모두가 너무 맛있게 잘 드셨고 심지어 레시피까지 여쭤 보는 분들도 있어서 꽤나 만족스러운 저녁 식사 시간이었다.

나는 첫 출장 요리를 마무리하고 조용히 혼자 스튜디오를 빠져나왔다. 그제야 긴장이 풀리면서 배도 고파 델리에서 샌드위치 하나를 사 먹으면서 집으로 향했다. 그리고 다음 날 초대해 준 형에게 전화가 왔는데 깜짝 놀랄만한 이야기를 해 주었다. 전날 나에게 여러 질문을 한 중년의 여성이 한국에서는 아주 유명한 사람이었던 것이었다. 내게 이때의 경험은 뉴욕 생활 중 가장 뜻 깊은 시간이었다.

ITALY

#003

피렌체에서 진짜 삶을 만나다

나의 첫 이탈리아는 피아첸차와 사르데냐 섬이었다

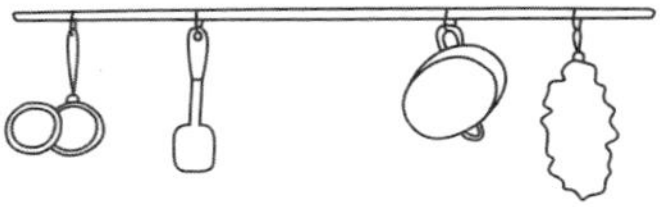

내가 처음 이탈리아에 방문했을 때 선택한 도시는 유명한 로마나 밀라노가 아니었다. 밀라노 근교에 위치한 피아첸차라는 소도시였다. 한국으로 따진다면 서울에서 가까운 과천 정도가 될 것이다. 피아첸차 공항에 도착하자마자 뉴욕에서 가장 친했던 이탈리아 친구 세 명이 두 팔 벌리고 나를 마중 나와 있었다. 나를 보자마자 껴안고 볼 뽀뽀를 하며 나를 격하게 반겨 주었다. 새삼 느끼는 글로벌 우정이었고, 나 스스로가 아주 특별해진 느낌이었다. 공항에서 나오자마자 만찬을 즐기러 피아첸차의 식당으로 갔다. 일단 좁고 아담한 골목에 테이블이 여러 개 깔려 있었고 주변에는 화단과 꽃이 있는 아주 로맨틱한 골목이었다.

비행기에서 내리자마자 바로 온 것이었기 때문에 배가 매우 고팠는데 처음에 나온 애피타이저는 이탈리아에서 흔히 먹을 수 있는 살라미와 프로슈토가 한가득 나왔다. 지금은 정말 좋아하지만 그때는 그 이탈리아 햄에 익숙하지 않았다. 친구들은 손으로 빵과 프로슈토를 한 움큼씩 떼어서 마구 먹는데 내가 옆에서 깔짝댈 수 없으니 나도 똑같이 따라했다. 처음에는 그 특유의 냄새 때문에 삼키기조차 힘들었는데 계속 먹다 보니 생각보다 맛있었다. 그 다음은 파스타였다. 내가 알던 파스타와 조금 달랐다. 그냥 얼핏 봐도 이탈리아 현지에서나 볼 수 있는 모습이었고 냄새도 아주 좋았다. 지금까지 내가 먹었던 파스타와는 또 다른 차원의 현지의 맛이었다. 무엇보다 뉴욕에서 친했던 친구들이 내가 여기에

온다고 하니 마중까지 나와 준 상황 자체만으로도 이미 배가 부른 상황이었다.

저녁을 배부르게 먹고 드디어 안드레아 집에 도착했다. 그런데 집이 얼마나 큰지 집인지 박물관인지 궁전인지 분간이 안 되었다. 일단 성문처럼 보이는 곳 앞에 차가 섰고, 내려서 열쇠로 첫 번째 문을 열고 차에 다시 탔다. 그리고 다시 차에서 내려 두 번째 문을 열고 지나갔다. 세 번째로 드디어 집 앞 대문이 나왔고 드디어 집 안으로 들어갈 수 있었다. 지금까지 전부 수동으로 문을 열었다. 말로만 듣던 이탈리아 사람들의 아날로그 정신은 수십 개의 집 열쇠만 봐도 느낄 수 있었다. 대문을 들어서자마자 계단을 올라가니 거실과 주방이 보였다. 정말 일반 거실과 주방이라고 부르기 힘든 크기였다. 천장에는 피렌체 우피치 미술관에서나 볼 법한 천장 벽화와 조각물이 있었고, 바닥에는 원목과 고급스런 카펫이 깔려 있었다. 주방에는 영화에서나 보던 아주 긴 직사각 테이블과 그 위에는 샹젤리제 조명이 주렁주렁 달려 있었다. 무엇보다 집안일을 도와주는 가사 도우미가 두 명이 있었다. 내가 알던 안드레아는 뉴욕 원룸에서 나와 함께 동네에서 파는 파니니를 먹으면서 웃고 떠들었던 친구였는데 말이다.

안드레아를 이탈리아에서 보니 정말 다르게 보였다. 이렇게 부유한 집안의 아들이었는데 뉴욕에서는 사치라고는 찾아볼 수 없었던 그 모든 순간들이 뇌리를 스치면서 다시 한 번 친구의 겸

손함에 고개가 숙여졌다. 봐도 봐도 끝이 없는 안드레아의 집 구경은 나에게 문화 충격이었다. 안드레아 아버지는 이 집이 거의 400년이 다 되었다고 하셨다. 400년 전에 이렇게 튼튼한 대리석 건물을 지을 수 있다는 것이 신기할 따름이었다. 화장실에 있는 욕조 근처에는 큰 비너스 조각상이 많았고 바닥은 이탈리아 감성이 고스란히 느껴지는 타일이 깔려 있었다. 이런 환경에서 자란 안드레아의 인생 가치관은 어떨지 다시 한 번 궁금해지기도 했다. 안드레아의 가족 덕분에 나는 이곳에서 한 달 정도 꿀맛 같은 여름휴가를 맛보았다. 이런 기회는 두 번 다시없을 것이라 느껴질 만큼 정말 좋은 시간을 보냈다.

이탈리아에 온 지 얼마 되지 않아서 갑자기 안드레아는 휴가를 가자며 빨리 짐을 싸라고 하는 것이었다. 영문도 모른 채 허겁지겁 짐을 챙겨서 공항으로 향했다. 안드레아와 내가 간 곳은 이탈리아 섬 사르데냐라는 곳이었다. 태어나서 처음 들어 본 곳이었는데 사르데냐는 이탈리아에서 시칠리아 다음으로 큰 대륙 같은 섬이다. 제주도보다 12배 크고 세계에서 48번째로 큰 섬이라 한다. 섬에 도착하자마자 건축 양식이나 분위기를 자세히 들여다보니 정통 이탈리아의 문화라고 하기에는 다소 이질감이 느껴졌다. 고대에는 카르타고의 땅이었지만, 제1차 포에니 전쟁 이후 용병들의 반란이 일어나면서 로마 제국의 영토가 되었다고 한다. 당시에는 로마로 밀을 수급하는 중간 역할을 했다고 한다. 그리고 이 섬의 독특한 점은 사르데냐 사람들이 유독 100세까지 장수하는 섬으로 유명하다는 것이다. 인구 160만 명 가운데 250명이 100세가 넘고 112세까지 살아 기네스북에 오른 안토니오 토드도 이곳 출신이다.

섬의 중동부에 위치한 해발 416미터 산간 지역에 특히 많이 몰려 있는데, 이 지역 남성들이 주로 하는 일은 양이나 염소를 치는 목동 일이다. 그래서 경사진 언덕길을 하루 12킬로미터씩 걸어 다닌다. 더 놀라운 사실은 100세가 넘어도 목동 일을 계속한다는 것이었다. 또한 주로 식단은 '디스토쿠'라는 보리로 만든 얇은 빵과 소고기나 돼지고기 대신 양고기나 염소 고기를 주로 먹는다고 한다. 여느 이탈리안들처럼 올리브 오일과 와인을 즐기고, 특히 토마토를 많이 먹는다. 토마토에는 전립선암 예방 효과도 있다. 세계적으로 100세인들은 여성이 남성보다 평균 배 이상이 많은데, 유독 이 섬의 장수인들은 남녀 똑같이 100세를 누린다고 한다. 그래서 사르데냐는 장수 마을로 유명한 섬 중 하나이다.

먼저 느지막하게 아침에 일어나서 눈을 뜨자마자 에스프레소와 크루아상이나 쿠키로 간단한 아침 식사를 했다. 그리고 고요한 먼 산과 바다를 바라보며 아무 생각 없이 커피의 잔향을 함께 만끽했다. 이렇게 이탈리아 휴가의 아침이 시작되었다. 해변으로 갈 준비를 하고 베스파를 타고 집 근처 개인 전용 해변으로 향했다. (이탈리아 사람들은 베스파 브랜드를 절대 스쿠터라고 하지 않고 항상 베스파라고 말한다.) 사르데냐 섬의 바다 모습은 그야말로 그림에서 나오는 에메랄드 색을 띄는 그림 같은 해변가이다. 도착하자마자 그냥 바다로 뛰어들어서 수영을 했다. 너무 기분이 좋았고 뿌듯한 일상의 연속이었다.

해변가에는 작은 파스타 집이 있었는데 이때 처음 먹어본 파스타 이름은 보타르가Bottarga였다. 겉으로 보기엔 잘 삶아진 면밖에 보이지 않지만 자세히 면 위를 들여다보면 숭어 알이 버터에 자연스레 녹아져 있다. 소스가 전혀 없는 파스타를 처음 봤을 때는 의아했지만 맛을 본 이후로는 나의 인생 파스타가 되었다. 그 이후로 보타르가라는 식자재도 알게 되었고 즐겨 먹기 시작했다. 점점 이탈리아 파스타에 대해 알아가기 시작했다.

배가 부르게 먹고 나면 에스프레소 한 잔을 하며 또다시 여유를 만끽했는데 정말 이렇게 살아도 되나 싶을 정도로 편안했다. 해변가에 누워 있는 이탈리아 사람들의 표정을 보니 정말 인생을 제대로 즐기는 것 같았다. 휴식을 즐길 줄 아는 그들이 정말 인생을 즐기고 있는 것이 아닐까. 사르데냐 섬을 다니다 보면 동양인이 거의 없다는 것을 쉽게 알 수 있다. 일반적으로 아시아인들이 여행지로 오기 힘든 섬이었다. 여행객을 위한 정보나 서비스가 잘 되어 있지 않기 때문에 현지 사람들의 정보나 도움이 없으면 관광하기에는 매우 힘든 곳이었다. 하지만 기회가 되서 올 수만 있다면 이만한 휴양지는 없을 것이다. 실질적으로 이탈리아인들이 가장 사랑하는 섬 중 하나이며, 전 세계적인 부자들이 별장을 짓고 휴가를 보내기로 유명하다. 실제로 안드레아 바로 뒷집은 이탈리아 총리의 별장이었다. 이렇게 환상적인 섬에 몇 주 동안 마치 내가 이탈리아 사람이라도 된 것처럼 느끼며 황금 같은 휴가를 보냈다. 지금도 안드레아에게 고맙다.

꽃의 도시 피렌체에서 낭만을 섬기다

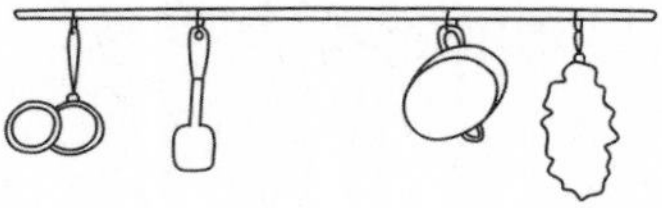

감명 깊게 보았던 영화의 실제 배경이 된 장소를 보는 것만큼 매력적인 순간은 없을 것이다. 뉴욕에 살면서 우연히 〈냉정과 열정 사이〉라는 영화를 본 적이 있었다. 영화 속 쥰세이와 아오이 두 남녀의 10년간에 걸친 가슴 벅찬 러브스토리는 나를 낭만주의자로 만들어 주기에 충분했다.

"사람이란 살아온 날들의 모든 것을 기억할 수는 없지만, 소중한 것은 절대로 잊지 않는다고 난 믿고 있어."

영화 〈냉정과 열정 사이〉에 나오는 대사 중 하나이다. 이 영화

는 헤어짐과 아픔, 실연과 상처의 극복, 사랑의 과정을 음악과 미술에 담은 영화이다. 미술 작품을 통해 쥰세이와 아오이의 감정과 현실의 모습을 묘사하는 장면도 나온다. 첫 장면부터 마지막 장면까지 이탈리아 피렌체의 멋진 모습을 담아냈다. 이때부터 나는 피렌체에 대해 동경이 생겼던 것 같다. 피렌체라는 도시는 감성과 낭만으로 가득찬 도시이다. 피렌체는 메디치 가문의 막대한

후원 아래 조각, 회화 그리고 문학 등 다양한 형태의 예술 장르가 시도된 도시이며 큰 성공을 이룬 곳이다. 대표적으로 우리가 흔히 잘 알고 있는 피노키오의 작가 카를로 코로디의 고향이기도 하다. 이 뿐만 아니라 레오나르도 다빈치, 미켈란젤로, 갈릴레오 갈릴레이, 단테 등 인문학 천재들의 도시이기도 하다. 그래서 길거리만 다녀도 건물들이 주는 에너지가 다른 도시와 사뭇 다르다는 것을 느낄 수 있다.

내가 피렌체에 살게 된 이유는 간단했다. 이탈리아의 여러 도시를 가 보았지만 나에게 가장 이탈리아다운 도시였기 때문이었다. 미국 유학 시절 이탈리아와 친해지기 위해 방학 때 시간만 나면 잠깐이라도 이탈리아 여행을 다녔다. 이탈리아에 올 때마다 모든 도시가 저마다의 개성이 강해서 좋았지만 그중에서 피렌체가 주는 느낌이 가장 인상적이었다. 피렌체는 이탈리아 분위기는 많이 스며들어 있으면서, 도시 발전도 적당히 되어 있는 곳이다. 완전 도시 느낌은 아니지만 그렇다고 시골 느낌도 아니었다. 게다가 치안까지 좋았다. 그래서 미국에서 대학원을 졸업하면 꼭 이곳에 와서 살겠다고 다짐을 했었다.

나의 생각이 간절했는지 정말 나는 대학원을 졸업한 뒤 피렌체로 와서 무작정 살게 되었다. 이곳에서 '내가 피렌체에서 잠깐이라도 어떤 일을 하면 내 미래에 도움이 될까?'라는 생각을 하게 되었다. 이 고민에 대한 답은 거의 정해져 있었다. 이탈리아하면 요리를 빼놓을 수가 없다. 내가 좋아하는 요리를 좀 더 전문적으로 배워 보기로 결심했다. 요리 학원보다는 이왕이면 체계적인 기관에서 배우는 게 좋을 것 같아서 피렌체 대학교를 알아보았다. 다행히 호텔경영학과 1년 수료 과정이 있었다. 그 과정 안에는 요리 파트가 따로 있어서 바로 지원했고, 운 좋게 한 번에 붙어서 다니게 되었다.

평생 스포츠에 관련된 공부만 하다가 이번에는 내가 정말 관심 있는 분야에 이끌려 배우게 되는 시간이다 보니 첫 수업부터 마음이 즐거웠다. 나와 함께 공부할 친구들과 교수님, 미국이 아닌 유럽에서의 환경은 어떨지 이 모든 것들이 그저 궁금했고 새로웠다. 그래도 짧으면 짧고 길면 긴 뉴욕 생활의 내공을 발휘하여 유럽에서도 잘 적응하고 또 다른 내공을 쌓고 싶은 마음이 들었다.

첫 수업은 호텔 레스토랑 주방에서 시작되었다. 교수님이라기보다는 현장에서 직접 뛰는 셰프님이 가르쳐 준다는 느낌이 들어 더 흥미로웠다. 그러나 아쉬운 점은 수업을 듣는 90퍼센트 이상의 학생들이 미국에서 온 교환 학생들이다 보니 수업은 이탈리아어가 아닌 영어로 진행이 되었다. 그러다 보니 이탈리아에 있으면서도 내가 미국에 있는 것인지 이탈리아에 있는 것인지 헷갈릴 때가 있었지만 오히려 영어로 대화를 해야 하니 더 쉽게 친해질 수 있었다.

동기 중에는 나와 비슷한 또래로 보이는 남자가 있었다. 먼저 다가가서 친해지기에는 우리 둘 다 긴 수염에 부리부리한 큰 눈을 가져서 쉽게 서로 말을 못 붙이고 있는 상황이었다. 그리고 나는 그가 일본인인 줄 알았는데 나중에 알고 보니 그도 나를 일본인이라고 생각했다는 것이었다. 이후 기회가 생겨 대화를 할 기회가 있었는데 그는 한국인이었다. 우리 둘은 너무 반가운 나머지 금세 친구가 되었다. 그 친구 이름은 피터 한이다. 한국 이름은 한우현이지만 서로 영어 이름을 부르는 것이 편한지라 피터와 숀으로 부르면서 지냈다.

피렌체에는 한국 유학생을 찾기란 매우 힘들다. 한국 관광객은 정말 쉽게 볼 수 있지만 유학을 하는 친구는 사귀기 쉽지 않았다. 그래서 피터와 같이 학교를 다니면서 아주 많은 추억들을 만들었다. 방과 후에는 피렌체 두오모 대성당 앞에 앉아 와인을 마시면서 깊은 대화를 나누었다. 서로 각자 살아온 인생 이야기를 하는데 대화가 끊기지 않고 계속 이어졌다. 둘 다 너무나 별난 인생을 살아 온 것이다. 마치 누가 더 롤러코스터 같은 인생을 살아왔는지 대결이라도 하듯이 이야기가 흥미진진했다. 어느새 우리는 피렌체에 생활하면서 이미 둘도 없는 친구 사이가 되었다.

이탈리아는 도시 이름 때문에 여행객들이 많이 헷갈려 한다. 예를 들어, 베네치아와 베니스, 피렌체와 플로렌스 그리고 롬과 로마이다. 둘 다 같은 뜻이며 단지 영어식 발음과 이탈리아식 발음으로 구분된 것뿐이다. 여기서 피렌체는 이탈리아 발음이고 영어로는 '플로렌스Florence'이다. 이탈리아어로 '꽃'이라는 어원이 있어 피렌체가 꽃의 도시라고 불린다. 이름부터 낭만적인 피렌체는 14~15세기 이탈리아 르네상스의 꽃을 피운 문예 부흥의 도시이자 메디치 가문의 '백합꽃'을 상징한다고 한다. 피렌체하면 메디치 가문을 빼놓을 수 없을 것이다.

피렌체에 오자마자 정착을 결정하고 집을 알아보기 시작했다.

마침 주변 사람들의 도움을 받아 운 좋게 시뇨리아 광장 앞에 있는 원룸을 좋은 가격에 구하게 되었다. 800년이 된 건물이라고 하지만 그 당시 어떻게 이 큰 돌을 옮겼을까 하는 궁금증이 생길 정도로 견고하고 웅장했다. 나는 시뇨리아 광장은 전 세계적으로 유명한 미술 작품이 전시되어 있는 우피치 미술관을 품고 있기 때문에 매우 중요한 곳이라고 생각한다. 이 시뇨리아 광장에는 수많은 인물들의 이야기가 녹아 있다. 코지모 대공, 미켈란젤로, 그리고 배출된 수많은 예술가와 작가들 이야기가 무궁무진하게 있다. 아마도 이탈리아의 모든 이야기의 시작점은 시뇨리아 광장이지 않을까 싶다.

살면서 문화 예술의 도시에서 산다는 것은 매우 드문 일일 수 있다. 사실 외국에서 산다는 것은 돈보다 용기와 시간 등이 더 중요하기 때문이다. 피렌체는 우리가 어릴 때부터 많이 듣던 수많은 천재들의 걸작이 많이 있다. 혹시 그림이나 조각을 보고 난 후 다리에 힘이 풀릴 만큼 큰 감동을 받은 일이 있는가? 여유 없이 시간에 쫓겨 다니는 여행에서는 좀처럼 느끼기 힘든 감정일 것이다.

피렌체에 살다 보면 뜬금없이 그림과 작품을 보고 가슴이 벅차오를 때가 있다. 그리고 뒤돌아서면 황홀할 만큼 아름다운 도시 풍경이 있다. 피렌체는 작은 골목 안에서도 그 힘이 발휘하는데 골목길을 다니다 보면 이대로 길을 잃어도 좋을 정도로 감성

에 흠뻑 취해 있을 때가 많다. 이탈리아 사람들은 자신들의 문화와 유적, 유산에 대한 자부심이 강하고, 이곳에서 50년 넘게 살아온 사람들조차 이 도시의 아름다움에 다른 곳으로 떠나지 못한다고 말한다. 나 역시 피렌체의 아름다움에 푹 빠질 수밖에 없었다.

카사노바의 반전에 놀라다

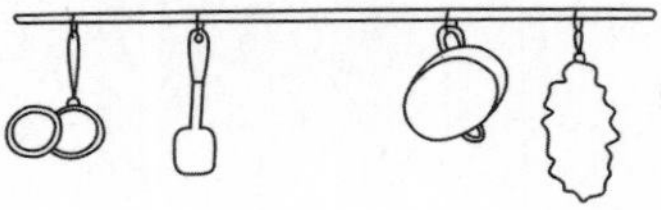

세기 최고의 바람둥이 카사노바는 "나는 늘 쾌락을 숭배하는 일을 중요하게 생각해 왔다. 그보다 더 중요한 일은 있을 수 없었다. 나는 늘 여성을 위해 태어났다고 생각했다. 그러했기에 내 능력이 닿는 한 모든 여성을 사랑했고, 또 수많은 여성의 사랑을 받았다"라고 말했다. 귀부인과 창녀, 유부녀와 소녀 심지어 수녀까지 신분과 나이에 상관없이 많은 여성들을 침실로 끌어들인 카사노바의 이야기는 수많은 남자들의 욕망을 자극한다. 카사노바의 이야기 때문일까, 우리나라뿐만 아니라 전 세계적으로 이탈리아 남자에 대한 가장 큰 선입견은 바람둥이라는 이미지다.

이탈리아 베네치아에서 태어난 카사노바는 평생 이성에 대한 사랑을 추구하며 자신의 본능에 충실한 삶을 살았다. 그는 여성을 사귀면서 느끼는 감각의 기쁨에 열광하며 끝없는 쾌락을 추구하였다. 젊음과 육체적 능력 심지어 자신이 세상에 존재하는 이유까지도 자신이 품었던 여성들에게 바쳤다. 그는 끝없는 쾌락을 추구하면서도 자유를 빼앗기고 싶지 않았기 때문에 시대를 앞서가는 완벽한 피임법을 구사하며 수많은 여성들과 만났다. 그리고 사제, 바이올린 연주자, 재정 전문가, 스파이, 저술가 등 그가 선택한 수많은 직업만큼이나 다양한 분야의 여성들과 관계를 맺으며, 희대의 진정한 바람둥이로 드라마틱한 삶을 살았다. 그러나 화려했던 젊은 날도 잠시 그의 말년은 초라하게 끝났다. 무료하고 쓸쓸했던 말년의 시간 동안 총 12권으로 된 자신의 회고록 《내 인생 이야기》를 쓰며 세월을 보내다가 쓸쓸하게 잠들었다.

카사노바가 어떤 사람인지는 자세히 몰라도 그가 바람둥이라는 건 전 세계 사람들이 다 알고 있을 정도로 유명하다. 잠시 카사노바 이야기로 흘렀지만 결론부터 말하자면 내가 본 이탈리아 남자들은 결코 카사노바 같은 삶을 살지 않는다. 물론 사람마다 다르겠지만 내가 오랫동안 이탈리아 친구들과 동거동락하면서 느낀 것이다.

나와 가장 친한 안드레아는 그 당시 오래 사귄 여자 친구 키아라가 있었다. 안드레아와 여자 친구는 정말 내가 봐도 부러울 정도로 서로를 깊이 사랑했다. 다행히 키아라도 나를 좋게 봐줘서

셋이서 종종 밥도 먹고 카페도 다니면서 친해질 수 있었다. 그러면서 그들의 연애에 대해 간접적으로 관찰할 수 있었다. 우선 평소에 장난 끼가 많던 안드레아의 모습은 어딜 갔는지 너무도 사랑스럽게 연인을 챙기는 모습이 인상 깊었다. 그만큼 안드레아는 키아라에게 아낌없는 사랑을 표현했고, 그야말로 진정한 사랑꾼이라는 생각이 들었다. 나는 그들의 모습을 보며 표현은 아무리 많이 해도 부족함이 없으며 부끄러운 것이 아니라는 것을 깨달았다. '무뚝뚝한 카사노바는 없다'라는 표현도 있듯이 그들을 그저 바라보고 있는 것만으로도 보고 있으면 진정으로 사랑하는 사이 같아 그저 물끄러미 쳐다보게 되었다. 그러면서 내가 연애를 할 때 나는 상대를 어떻게 대했는지 생각하게 되었다.

어느 날, 안드레아가 전화 통화를 하는데 뭔가 기분이 매우 안 좋아 보였다.

"왜 그래? 싸웠어?"

"아니 그게 아니라 키아라가 짧은 치마를 입고 나간다고 그래서……."

이탈리아는 한국과 반대로 가슴 파인 옷은 괜찮아도 짧은 치마나 바지에 대해 선정적이라고 생각한다. 문화가 다르니 싸우는 이유도 다양함을 느낄 수 있었다. 어떤 사람들은 서양인들은 개방적이라 옷차림 등의 이유로는 싸우지 않는다고 생각하는데 막상 그렇지 않다. 생각보다 이탈리아 남자들은 자기가 사랑하는 여자에게는 매우 보수적인 모습을 종종 볼 수 있었다. 솔직히 놀랍기도 했고 또 신기하기도 했다. 대부분의 이탈리아 남자들은 잘 생겼고 누구에게나 매너도 좋다. 그렇다고 해서 이들이 모두 카사노바도 아니었고 오히려 보수적인 사랑꾼의 모습이 더 많았다. 그만큼 자기 여자가 생기면 최선을 다하고 끊임없이 표현해서 여자 친구를 행복하게 해 주려고 노력한다. 사실 우리가 이탈리아로 여행만 가도 쉽게 볼 수 있는 이탈리안 커플들만 봐도 그들이 얼마나 서로를 사랑하는지 느낄 수 있다. 정말 열정적으로 서로에게 표현하고 소통한다.

나는 안드레아가 여자 친구에게 표현하는 모습이 부러웠다. 내가 잘 하지 못하는 부분을 안드레아는 너무나도 자연스럽게 표현했기 때문이었다. 나는 마음은 그게 아닌데 단순히 겉으로 표현을 못해서 후회할 때가 있었다. 심지어 연애가 익숙해지다 보면 이런 저런 상황에 치여서 내가 사랑하는 사람을 우선으로 생각하지 못할 때도 있었다. 물론 연애뿐만 아니라 가족에게도 마찬가지였다. 인간관계에서 나의 감정에 대한 표현에 인색해지면 안 된다. 자신의 성격이라고 핑계를 대는 사람들이 있지만, 행동으로 사랑하는 사람에게 사랑을 전하는 것은 아주 기본적인 것이라는 생각이 든다. 나도 안드레아를 보면서 먼 훗날 연인 또는 배우자에게 "사랑해"라고 표현하는 것을 아끼지 말아야겠다고 다짐했다. 연애나 결혼 생활이 건조해지지 않으려면 사랑한다는 표현으로 다시 윤기 나게 만들 수 있어야 한다. 그래야 일상이 행복해지고, 나아가 자신의 삶을 좀 더 충만하게 만드는 일일 것이다.

인간관계 심리학자인 존 가트맨의《사랑의 과학》에서 좋은 관계를 오래 유지하기 위한 방법들이 나온다. 사실 우리가 익히 잘 알고 있는 내용이지만 실천하기 가장 어려운 내용일 수도 있다. '감정을 오래 묵혀 두지 않는 것', '긍정적인 감정을 자주 표현하는 것' 등이 있다. 연인뿐만 아니라 가족에게도 당연히 적용되는 내용들일 것이다. 감정을 하나씩 표현하고, 자주 소통하다 보면 관계의 다양한 모습을 온몸으로 느낄 수 있다. 상대방이 표현을 잘 하지 않더라도 내가 먼저 감정이 풍부해지면 상대방도 자연스럽게 따라오기 마련이다.

곤돌라의 도시 베네치아

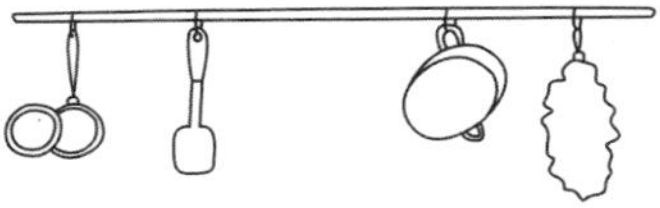

내게 이탈리아 베네치아는 아주 궁금했던 도시 중 하나였다. 베네치아는 육지에서 떨어져 수백만 개의 말뚝을 바다에 세워 인간의 힘으로 만든 해양 도시이다. 118개의 섬이 400여 개의 다리로 이어져 있고, S자 대운하가 베네치아 섬 중심을 가로지른다. 이 섬을 다시 골목마다 작은 운하들이 아주 촘촘하게 연결되어 있다. 이 운하를 따라 곤돌라와 수상 버스가 쉬지 않고 전 세계 관광객을 태우고 운행을 한다.

나는 가끔 무작정 피렌체에서 이탈리아를 대표하는 고속 열차인 트랜이탈리아를 타고 2시간을 거처 당일치기로 베네치아를 간다. 베네치아 산타루치아 역에 내려서 밖을 나오는 순간 입이

자동적으로 벌어질 수밖에 없는데 바로 바다 물 위로 뜨겁게 내려쬐는 햇살에 눈이 부셔서 눈앞이 보이는 풍경이 마치 동화 속 한 장면으로 보이기 때문이다.

베네치아역에서 중심인 산마르코 광장까지는 걸어서 20분 정도 걸리지만 오는 길이 전혀 지루하지 않기 때문에 나는 갈 때는 바포레토나 곤돌라 대신 걸어가는 것을 좋아한다. 다만 짐이 많다면 무조건 수상 택시를 타는 것이 여러모로 나을 것이다. 특히 베네치아는 길바닥이 깍두기모양처럼 울퉁불퉁하고, 길목도 매우 좁아서 가방을 끌고 다니는 것도 어렵고 구글 지도로도 목적지를 찾기란 쉽지 않다. 골목이 매우 좁고 복잡해서 자칫 길을 잃을 수는 있지만 복잡한 골목 탐험이 끝나면 신기할 정도로 고풍스러운 건물이 나타나서 심금을 울린다.

베네치아에 도착하면 곤돌라라고 불리는 좌우로 흔들리는 기다란 작은 배를 많이 볼 수 있다. 우리에게 곤돌라는 스키장에서 산 정상에 오를 때 타는 것으로 알고 있지만, 베네치아에도 그 '곤돌라'가 있다. 공통점은 흔들린다는 것이다. 곤돌라는 흔들리는 이동 수단을 말한다. 흔들리기 때문에 중심을 잘 잡아야 하며 바닥에 걸쳐 앉는 것이 아니라 작은 소파에 잠시 앉는 기분으로 타는 것이다. 곤돌라를 운전하는 사람을 베네치아에서는 '곤돌리에리'라고 말한다. 곤돌리에리는 운전 기술뿐만 아니라 베네치아의 역사와 문화 그리고 무엇보다 노래를 잘 해야 하기 때문에 인정받는 직업 중 하나이다. 아무나 되는 쉬운 직업으로 보이지만 곤돌리에레를 양성하는 학교도 있으며 자격시험을 치고 합격을 해야 자격이 주어지는 직업이다. 예전에는 이탈리아 남자들의 수려한 외모와 젠틀함 그리고 낭만적인 노래 실력으로 세계 뭇 여성들에게 선망의 대상이 되기도 했다고 한다.

베네치아 곳곳에는 멋진 곤돌라가 사방에 널려 있다. 우리에게 익숙한 빠삐용 복장을 입은 이탈리아 남자들이 폼 잡고 서 있는 모습이 장관인 도시이다. 곤돌라 한 대에 거의 1,000만 원이 넘는다고 한다. 베네치아를 제대로 느끼고 싶다면 곤돌라로 30분 정도의 짧은 코스라도 한 번 타 보는 것이 좋다. 곤돌라를 타고 천천히 도시를 만끽하면서 같이 여행 온 동반자가 있다면 그

동안 하지 못한 이야기를 나누기에 아주 좋은 분위기가 될 수 있다. 주의할 사항이 있다면 곤돌라 출발지에 따라 코스가 다르기 때문에 타기 전에 코스를 물어봐야 한다. 내가 추천하는 코스는 작은 골목들은 곤돌라를 타면서 구경을 하고 나중에 중앙역으로 기차를 타기 위해 돌아갈 때 산마르코 광장에서 수상 택시를 타는 것이 좋을 것이다. 왜냐하면 광장에서 수상 택시를 타면 대운하를 가로질러 중앙역까지 가게 되는데, 이때 잊을 수 없는 풍경과 사진을 남길 수 있다. 개인적으로 경험한 아주 좋은 베네치아 여행 노하우다.

베네치아는 도시 특성상 물 위의 오래 된 도시이다 보니 호텔이 가격에 비해 시설이 좋은 편은 아니다. 하지만 하룻밤 정도는 아주 낭만적인 베네치아의 아침을 경험할 수 있을 것이다. 일단 호텔은 산마르코 광장 근처가 좋다. 비록 가격대는 좀 있지만 위치나 치안 부분에서도 광장 근처에 있는 게 좋기 때문이다. 베네치아에 도착하면 가장 핵심인 산마르코 광장을 가게 되는데, 산마르코 광장은 세계적으로 아름답기로 유명한 광장 중 하나이다. 나폴레옹이 이곳을 '유럽의 응접실'이라고 할 정도로 널찍하면서도 아늑하고 고풍스러운 아름다움이 있다. 광장은 산마르코 성당, 두칼레 궁전, 종탑 등 세계 최고의 명소로 둘러 쌓여 있지만 그중에서도 관광객들에게 가장 인기 있는 곳은 바로 플로리안 카페이다. 세계 최초의 카페라니 정말 상상이 안 간다. 같은 시대에 한국의 모습을 비교해 본다면 확 와 닿게 되니 말이다.

1720년에 처음으로 생긴 카페 플로리안은 그 당시 전 세계를 주름 잡았던 나폴레옹, 괴테, 카사노바 그리고 베토벤 등 거장들이 즐겨 왔던 카페이다. 특히 카사노바가 이곳의 단골이었는데, 당시 여성들에게는 카페 출입이 허용되지 않았던 시대였지만 이곳은 유일하게 출입이 허용되었다고 한다. 이런 역사 이야기를 알고 카페 테라스에 앉아서 흘러나오는 클래식을 듣고 있으면 감회가 새로워진다. 300년 전 지금의 모습을 상상하며 아름다운 광장을 보면서 맛있는 이탈리아 카푸치노 한 잔을 마시면, 제대로 이탈리아 베네치아의 분위기를 만끽할 수 있다.

베네치아는 저녁 7~8시만 되도 산마르코 광장만 제외하고 암흑 도시로 변한다. 물론 산마르코 광장 안에 있는 카페나 레스토랑에서는 직접 라이브 무대로 낭만적인 광장으로 되긴 하지만 전체적으로 어둡다. 심지어 골목도 좁고 가로등도 없어서 돌아다니기에는 조금 위험할 수 있다. 혼자 늦게 돌아다니는 것은 가급적 피하는 게 좋다. 그래서 저녁 이후로는 마땅히 할 게 없기 때문에 피렌체 일정을 길게 잡고 베네치아는 당일치기로 오는 것을 염두에 두면 좋을 것이다. 베네치아는 내가 신혼부부 가이드를 여러 번 하면서 생긴 개인적인 생각이다. 이탈리아를 처음 여행한다면 아마 피렌체와 베네치아를 갔을 때 만족도가 가장 높을 것이다.

개인적으로 베네치아에서 가장 아쉬웠던 점은 바로 맛있는 식당을 못 찾은 것이다. 이탈리아에서 해산물이 가장 싱싱하다고 알려진 도시는 의외로 밀라노인데 이곳에 가장 큰 수산 시장이 있기 때문이다. 그래서 베네치아가 바다가 보이는 도시라고 해서 해산물이 맛있을 것이라고 생각한다면 오히려 실망만 잔뜩 갖게 될 것이다. 베네치아의 컵 파스타는 유명세에 비해 가볍게 간식으로 먹을 정도이지 일부러 찾아가서 먹을 정도는 아니다. 해산물 튀김 또한 걷다가 출출할 때 먹기 좋다.

베네치아는 길을 잃기 딱 좋은 도시이다. 대부분의 관광객은 길을 잃고 무작정 걷기로 마음을 바꾼다. 하지만 베네치아는 이상하게 길을 잃어도 낯설지 않으면서 더욱 매력적으로 기억에 남을 수 있다. 아무래도 삼면이 바다에 사는 우리에게 익숙한 물 때문이 아닌가 싶다. 베네치아를 다닐 때는 구글 지도는 잠시 끄고 느긋하게 길을 잃으면서 다니는 것도 좋다. 길을 잃어야 장인들의 노포 가게들도 마주칠 수 있다. 길이란 잃어도 결국 다 연결되어 있기 마련이니 걱정은 안 해도 된다.

내 생애 가장 기억에 남는 결혼식

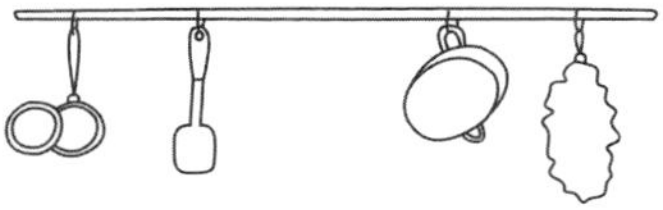

지금까지 내가 다녀봤던 가장 기억에 남는 결혼식을 꼽으라고 한다면 밀라노 근교에서 열린 안드레아 지인의 결혼식일 것이다. 나와는 그리 친한 인연은 아니었지만 안드레아 덕분에 참석하게 되었다. 이탈리아의 결혼 문화는 서로가 정말 특별한 인연이라고 생각하는 사이에서만 청첩장을 주고받기 때문에 청첩장을 주는 것 자체를 매우 신중하게 생각한다. 그래서 초대받은 하객들은 진심으로 축하하는 마음과 함께 가장 멋진 모습으로 차려입고 그 자리에 임한다. 이탈리아 국민의 80퍼센트 이상이 가톨릭 신자이며 그중 절반 이상이 규칙적으로 예배에 참석할 정도로 종교에 대한 의식이 강하다. 그래서인지 성당에서 결혼식을 하는 것을 당연하게 여긴다.

결혼식에 참석하기 위해 오후 3시쯤 밀라노에 모여 준비된 버스를 타고 50분쯤 이동했다. 도착한 곳은 중세 느낌이 물씬 나는 꽤 큰 성이었는데 최소 500년은 넘어 보이는 아주 웅장한 곳이었다. 성 내부에는 아름다운 결혼식장 모습이 성 전체를 가득 메웠는데 태어나서 처음 보는 결혼식 광경이었던 터라 정말 신비스러웠다. 마치 내가 뉴욕에 처음 도착해서 받은 문화 충격들과 비슷했다. 우선 성 내부에서도 하늘이 환하게 뚫려 있었고 이곳 야외마당에서 결혼식이 조촐하게 열렸다. 사람들은 삼삼오오 모여 자연스럽게 샴페인을 마시며 서로의 근황에 대해 이야기를 나누었다. 그들의 표정은 적어도 오늘 만큼은 즐겁게 보내고 싶어 하는 얼굴이었다. 일단 서서 술을 마시며 이야기를 나누는 문화가 한국과는 많이 달랐기 때문에 이 분위기가 이색적이었다. 사람들이 이야기를 나누고 있는 동안 다른 한쪽에서는 결혼식 준비가 한창이었다. 이탈리아 전통 식전주 문화인 아페리티보Aperitivo를 제대로 느끼는 순간이었다.

본식은 대부분의 신랑 신부가 꿈꿀 법한 예쁜 꽃들이 가득 채워진 정원에서 시작되었다. 아담한 정원 입구에는 아치형으로 만들어진 꽃길이 돋보였고 간단한 주례가 끝나자 신랑과 신부가 입장하였다. 한편으로는 야외이다 보니 아무래도 긴장감 없이 진행

되는 것 같았지만 모든 사람의 표정에서는 이미 가슴속으로 축복을 진심으로 빌어 주는 것이 느껴졌다.

신부가 입장하는 순간 음악이 흘러 나왔고 내 마음 또한 뜨거워졌다. 음악은 이탈리아 결혼식답게 이탈리아 노래가 흘러나왔는데 정말 그 자체만으로도 낭만적이었다. 음악과 함께 등장한 신부는 단정한 드레스에 꽃 화관을 머리에 두르고 미소를 띠었는데 정말 아름다웠다.

본식이 끝나고 해가 조금 저물려고 하니 저녁식사 시간이 되었다. 정원에 원테이블이 10개 정도 마련되어 있었고 메뉴는 프

로슈토와 과일로 시작해서 파스타와 고기 요리로 마무리 되었다. 와인은 빠지지 않고 끊임없이 나왔다. 정말 생활 속에 와인이 크게 자리 잡고 있어 친해질 수밖에 없는 문화를 가진 나라였다. 사실 여기까지는 한국에서도 아주 가끔 볼 수 있는 결혼식 풍경이었다. 그러나 2부 예식이 시작되자 양가 아버지가 마이크를 잡고 두 명의 사회자가 되어 결혼식 피로연을 진행하기 시작했다. 그리고 준비한 콩트로 분위기를 순식간에 웃음바다로 만드는 것이었다. 생각해 보면 양가 부모가 함께 마이크를 잡고 사람들 앞에서 무언가를 준비한다는 것이 쉬운 일이 아닌데 그날만큼은 크게 웃을 수 있었다. 한 번의 큰 웃음바다가 지나가자 신부의 아버지가 조용히 마이크를 잡고 "평생 부족한 남편을 만나서 이렇게 훌륭하고, 예쁜 딸을 낳아 키워준 제 아내에게 진심으로 고맙다는 말과 함께 사랑한다고 전하고 싶습니다"라고 말했다. 나는 이 말을 듣는 순간 온몸에 소름이 돋으면서 가슴이 뭉클해졌다. 보통 딸의 결혼 생활을 축복하는 말일 경우가 대부분이었는데 이 말에는 사랑하는 아내와 딸을 감동시키기에 충분했다. 아버지로써 예의를 갖춰 오신 하객들에게 감사의 인사를 했고 딸과 사위에게 아낌없이 포옹을 하고 자리로 돌아가 앉으셨다. 가장 중요한 순간 가장 소중한 사람에게 전하는 말 한마디가 정말 중요하다고 생각하게 한 순간이었다. 인생의 결정적인 때에 진짜 챙겨야 할 사람이 누군지 알고 있는 것이다.

결혼식은 저녁 아홉 시가 넘도록 끝나지 않았다. 결혼식 내내 시간이 어떻게 흘러가는지도 모른 채 결혼식 분위기에 취해 있었다. 어느 정도 주된 행사가 끝나 가더니 신나는 음악으로 바뀌었다. 어두워져 본격적인 피로연 분위기가 되어 가고 있었다. 보통 우리나라 같은 경우 피로연에는 부모님들은 계시지 않는 경우가 많지만 이탈리아는 양가 부모님부터 친지, 친구 등 참석한 모든 사람들이 와인을 마시며 음악을 즐겼다. 정말 행복한 결혼식 현장이었다. 순간 미래의 내 결혼식에도 이런 웨딩파티 문화가 가능할까 하고 상상해 보았다. 기존의 틀에 박힌 결혼 문화가 아닌 나만의 스타일에 맞게 결혼식을 준비한다면 참석한 하객들 또한 추억할만한 시간이 될 것 같았다. 몇 년 전까지만 해도 결혼식 초대를 받으면 무조건 축하해 주기 위해 무리를 해서라도 꼭 참석하려고 노력했다. 당사자와 친하지 않더라도 주변 사람들과 인연이 있으면 서로 얼굴이라도 볼겸 간 것이다. 그러나 그 사람의 인생사나 어떤 사람과 결혼을 하는지도 모른 채 박수만 치고 사진만 찍다 오려니 내심 아쉬운 마음이 들었다.

얼마 전 가장 친한 일본 친구인 야마구치 신의 결혼식에 초대를 받아 다녀왔다. 결혼식에 가기 전 어느 책에서 일본의 결혼식은 한국과 비슷하지만 깊이가 전혀 다르며 결혼식 청첩장을 주는 것에 큰 의미를 두고 있다고 본 기억이 있다. 또한 정말 축하를 위해 오는 하객이기 때문에 축의금의 기본 액수도 우리나라의 두 배 정도 높다고 들었다.

야마구치와 나는 2014년도 뉴욕에서 함께 유학을 했던 아주 가까운 친구이며 또한 신부도 당시 뉴욕에서 만난 사이라 나도 잘 알고 있었다. 그래서인지 이들의 결혼 소식은 놀랍지 않고 오히려 반가웠다. 야마구치의 결혼식은 이탈리아에서 경험한 결혼식 이후로 내 생애에서 잊을 수 없는 결혼식 현장이 되었다. 오키나와 섬 끝에 언덕 위에 새하얀 성당에서 식은 진행되었는데 보기만 해도 사랑이 넘치는 낭만적인 분위기였다. 초대 인원은 나를 포함해서 신랑 하객이 30명이 채 되지 않았는데 이중 가족을 빼면 친구들은 10명 정도였다. 이렇다 보니 내가 초대받았다는 사실만으로 특별함과 감사함을 느낄 수 있었다. 예식은 사진과 영상도 못 찍게 할 정도로 아주 경건하게 진행되었다.

일본의 결혼 문화는 전통 혼례와 현대식 혼례 두 가지로 명백히 나눠진다고 들었는데 아무래도 신부가 대만 사람이다 보니 오히려 이국적으로 진행되었다. 성당에서의 짧고 굵은 예배가 끝나자 야외 촬영 장소로 가서 단체 사진을 찍었다. 하객 수가 적다보니 사진 찍는 시간 자체가 하나의 즐거운 이벤트가 되었다. 서로 소개해 주고 인사도 나누는 시간이여서 하객 입장으로써 편한 자리가 되었다. 저녁 식사 시간이 되고 지정된 자리에 앉아 음식을 기다렸다. 일본 스타일의 아주 정갈한 사시미와 고기 요리가 나왔는데 음식 또한 정성이 느껴졌고 맛도 일품이었다.

석양이 질 무렵 결혼식의 하이라이트가 시작되었다. 신랑과 신부가 의상을 갈아입고 등장했다. 가벼운 분위기가 되면서 분위기가 무르익어 갔다. 신랑 신부가 직접 양가 부모님들에게 편지도 낭독하고, 서로에게 쓴 편지를 읽으며 감동하는 모습에 나도 모르게 덩달아 눈물을 흘리게 되었다. 결혼식은 마지막까지 신랑과 신부가 하객 한 명 한 명과 사진을 찍는 것으로 마무리 되었는데 결혼식이 긴 탓에 중간에 조금은 지루할 수 있겠지만 끝나고 집에 돌아오는 마음은 뿌듯함 자체였다. 소중한 친구가 앞으로 행복하게 잘 살았으면 하는 기도가 저절로 나왔다. 이때의 결혼식은 심지어 지금도 그때 만난 하객의 얼굴이 기억이 날 정도이다.

내가 결혼을 하게 된다면 나도 이들처럼 진심이 담긴 결혼식을 준비하고 싶다. 내 결혼을 진심으로 축하하는 사람들의 마음을 고스란히 받는 그런 결혼식을 꿈꿔 본다.

따뜻한 에스프레소 한 잔

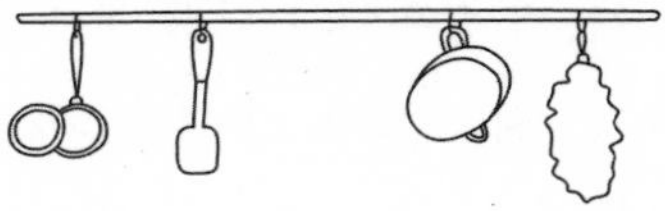

나는 커피보다 커피를 마시는 시간을 더 즐긴다. 사실 건강을 생각하는 나로서는 커피 한 잔에 들어 있는 카페인을 생각 안 할 수가 없다. 그래서 카페인이 필요해서 마시는 것이 아니라 커피 한 잔을 마실 여유가 삶에서 중요하기 때문에 일부러 커피를 마시는 시간을 꼭 갖는다. 에스프레소는 밀라노에서 어학원을 다니면서 우연히 마시기 시작했는데 이제는 습관이 되어 버렸다.

내가 에스프레소를 제대로 처음 접해 본 것은 2015년 밀라노의 어느 작은 카페였다. 어느 날 한적한 골목을 지다가다가 한 쌍의 커플이 카페 벽에 기대고 앉아 아주 작고 귀여운 에스프레소 잔을 들고 이야기를 하는 모습을 보았다. 그런데 그 모습이 괜히 나를 편안하게 만들어 주는 것이었다. 그들은 진짜 카페인이 필요해서 잠시 들려 마시고 있는 것이겠지만 나는 그 커피 한 잔을 앞에 놓고 시간을 보내는 것이 정말 좋았다. 별 일이 아닐 수 있지만 내 삶에 갑자기 여유가 들어온 느낌이 들었으니 말이다. 화창한 날씨에 테라스에 앉아 독서까지 하면 내 삶이 윤택해진 것 같아 스스로 기분이 좋아졌다.

이탈리아 사람들에게 커피는 생명수와 같다. 커피로 하루를 시작해서 와인으로 마무리하는 사람들이다. 그들에게 커피는 에스프레소를 말한다. 당연히 따뜻한 에스프레소로 한 여름에도 에스프레소를 마신다. 하지만 우리에게 에스프레소는 그저 쓴 커피와 같다. 한국인이라면 누구나 에스프레소에 대한 의문을 갖기 마련이다.

'이런 쓴 커피를 도대체 어떻게 마실까?'

내가 그 작은 카페에서 마신 에스프레소는 내가 여태 생각한 맛과 그 차원이 달랐다. 쓰지 않았고 적당히 고소하면서 전문용어로 밸런스가 딱 맞았다. 정말 맛있는 커피를 마신 기분이었다. 가끔은 에스프레소에 설탕 한 봉지를 넣고 한 번에 입 안으로 털어 마시면 입 안에 달라붙는 커피 맛이 아주 오묘하여 중독이 되었다. 이날 에스프레소를 처음 마신 이후로 이탈리아와 에스프레소는 내게 아주 큰 하나의 기억으로 남게 되었다. 에스프레소를 마실 때면 이탈리아 생각이 저절로 났고, 어디를 가나 이때 마셨던 맛과 비교하게 되었다. 어느 카페를 가서 커피 맛이 맛있으면 '이탈리아만큼 맛있네'라고 하게 되었다. 지금까지 이탈리아 에스프레소 팬으로 살고 있는 셈이다.

우리나라에서 에스프레소를 즐기기란 쉽지 않다. 대부분의 카페에서 파는 에스프레소가 너무 쓰기만 하기 때문이다. 그래서 우리에게 에스프레소는 마치 쓴 커피로 인식되어 있다. 하지만 이탈리아에서는 그 생각을 버리고 꼭 마셔 봐야 한다. 왜 이탈리아가 커피로 유명한지 느낄 수 있을 것이다. 외모만 봐도 장인정신이 느껴지는 중년의 바리스타와 오랜 세월이 주는 카페 분위기는 에스프레소 맛 또한 달리 느끼게 해 준다. 이 짧은 과정을 못 참고 포기한다면 에스프레소와의 인연도 영영 끝이 나게 될 것이다.

'그렇다면 왜 이탈리아에서 마시는 커피는 다를까?'

유럽 여행에서 마시는 커피는 유독 다 맛있었던 기억이 있다. 일반적으로 사람들이 말하는 이탈리아 커피 맛 비결이 몇 가지가 있다. 첫째, 커피 볶는 기술이 뛰어나다. 둘째, 기계에서 커피를 많이 뽑기 때문이다. 셋째, 커피 잔이 두툼하다. 넷째, 석회 함유량이 많은 물 때문이다. 다섯째, 이탈리아 바리스타에게는 특별한 커피 기술이 있다. 평소에 많이 들어본 이유들도 있지만 사실 전문가가 아니고서야 뭐 하나 딱 와 닿기는 쉽지 않다.

개인적으로 커피 볶는 기술과 커피 기계는 상관없을 것 같다.

물론 로스팅과 기계가 중요한 역할을 하는 건 사실이지만 이미 이탈리아에서 로스팅한 신선한 원두가 전 세계로 수출되고 있고, 기계 역시 어디서든 최고 제품을 구할 수 있기 때문이다. 이 이유 때문에 나라마다 생기는 맛의 차이를 설명하기는 조금 부족하다는 생각이 든다. 그렇다고 커피를 많이 뽑아서 맛이 좋아진다는 말은 논리가 조금 부족해 보인다. 왜냐하면 그것은 당장 따라 하면 되는 것이니 말이다. 그런데 커피 잔이 두툼하고 조금 데워서 써야 커피 맛이 좋아진다는 말은 사실이다. 이건 이탈리아 어느 카페를 가도 쓰는 방식이고 따라 하기 쉬운 것이니 이것이 결정적인 비결이라고 말할 수 없을 것이다. 그렇다면 석회 함유량이 많은 물 때문일까?

내 생각에는 바리스타의 보이지 않는 미묘한 자신만의 기술의 차이 같다. 이탈리아에서는 수십 년 동안 커피를 내린 백전노장들이 많다. 그들의 커피 내리는 실력을 분석하기란 불가능하고 사실상 흉내 내기도 어렵다. 쉬워 보이지만 장인들이 많은 나라에서는 그들만이 갖고 있는 미스터리한 비결이 존재한다. 보이지 않으니 따라 하기도 힘든 것이다. 이탈리아의 커피 맛뿐만 아니라 미술, 건축, 자동차 등 수많은 명품들이 그럴 것이다.

이탈리아는 커피에 유난히 강한 자부심과 역사를 갖고 있는데 불과 얼마 전까지만 해도 전 세계에 다 있다고 해도 과언이 아니었던 스타벅스가 없었다. 스타벅스가 진출한다고 해도 이탈리아만의 커피 문화가 확고하기 때문에 경쟁력이 없다고 판단한 것이다. 1유로면 장인이 만들어 준 커피를 마실 수 있는데 스타벅스에서 몇 배나 더 비싸고 비교적 맛도 떨어지는 커피를 마실 이유가 없으니 말이다. 하지만 2018년 가을에 에스프레소 본고장 이탈리아에 스타벅스 밀라노 1호점이 오픈해서 전 세계적으로 화재가 되었다. 스타벅스는 창업자인 하워드 슐츠가 밀라노에서 에스프레소를 마시다가 영감을 얻어 스타벅스를 창업한 것으로 익히 알려져 있다. 그래서 스타벅스에게 밀라노는 매우 의미 있는 도시이기에 이번 1호점을 오픈할 때 이탈리아 사람들의 커피 문화를 최대한 존중해서 기획했다고 했다.

그러나 아무리 스타벅스라고 해도 이탈리아에서의 경쟁은 결코 순탄치 않을 것으로 예상된다. 일단 브랜딩과 문화를 떠나 이탈리아 장인들이 내리는 커피들이 훨씬 맛있기 때문에 맛부터 경쟁이 안 될 것이다. 우리나라에서 스타벅스가 크게 성공한 사례와 이탈리아와 비교해서는 안 된다. 마치 유럽에서 '하이그레비티' 공법으로 만든 맥주가 흥행하지 못한 것을 생각하면 쉽다. 세계적으로 잘 팔리는 경쟁력 있는 맥주들이 맥주 강국의 시장에서는 쉽게 진입하기 힘들 듯이 아메리카노 역시 커피 강국인 이탈리아에서는 장기적으로 성공할 수 있을지는 미지수다.

나도 잘 알지 못했던 커피 문화를 이탈리아에서 경험하면서 커피를 마시는 문화에도 다양성이 존재한다는 것을 배웠다. 그리고 각 나라마다 커피에 얽혀 있는 역사적 배경과 이야기를 알게 되면서 커피를 대하는 생각이 많아졌다. 여행을 다니면서 그 나라의 카페에 가보면 좋은 이유는 커피를 즐기기 위해서도 있지만 그 나라의 문화를 직간접적으로 알 수 있기 때문이다.

* 하이그레비티 공법 : 미국 맥주를 만드는 대표적인 방법으로, 배양된 효모를 사용하여 맥아의 당을 최대한 알코올과 바꾼 후 높아진 맥주 도수를 낮추기 위해 물을 타고 인위적인 탄산가스를 주입하여 만드는 공법이다. 주로 미국의 '버드와이저'와 한국의 '카스', 일본의 '아사이'가 있다. 맥아의 거의 대부분의 당분을 먹고 알코올로 바꾸어 깔끔한 맛이 나는 것으로 알려져 있다.

요리는 삶이고,
삶이 곧 요리다

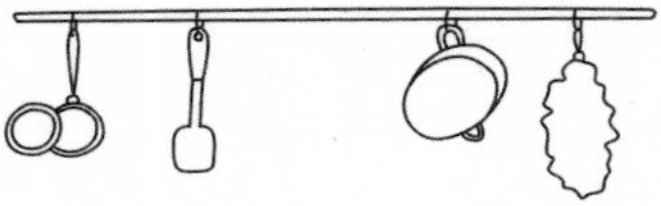

이탈리아 사람들은 피자 위에 여러 가지 재료가 올라간 것을 매우 싫어한다. 그래서 내가 이탈리아 요리를 좋아하는 이유이기도 하다. 너무 많은 식재료가 있으면 주된 재료의 맛을 느낄 수 없기 때문에 피자 위에는 3가지 이상 재료가 들어가지 않는다고 한다. 그들은 신선한 식재료를 최대한 그 본연의 맛을 살려 먹는 걸 좋아한다. 예를 들면 마르가리타 피자에는 토마토, 모짜렐라 그리고 바질 이렇게 세 가지만 들어가서 각 재료의 맛을 깊이 느낄 수 있다. 하지만 우리나라 피자처럼 토마토, 모짜렐라는 물론 고구마, 새우, 올리브, 피망 등의 아주 다양한 토핑이 올라간 피자는 본연의 맛을 느낄 수 없기 때문에 그들의 입장에서는 이해하지 못할 수 있다. 하지만 어디까지나 문화의 차이이며 정답이 있는 것은 아니다. 단순히 피자의 원조인 나라 사람들이 그렇게 생각할 수 있다고만 알면 충분할 것이다. 나 역시 우리나라 피자에 익숙해져 있다가 이탈리아의 얇고 단조로운 피자를 먹으며 과연 맛있을까라는 생각을 했었다. 하지만 이탈리아에서 피자를 먹고 난 뒤부터는 이탈리아 피자만 찾게 되었다. 간단하지만 그 맛의 깊이는 상당히 수준급으로 혀를 자극하고 무엇보다 먹고 난 뒤가 매우 깔끔해서 좋았다. 역시 신선하고 좋은 재료에서 나오는 맛과 장인의 손길 때문이 아닐까 싶다.

피렌체에서 요리 학교를 다닐 때 요리의 견문이 가장 넓어진 것 같다. 뉴욕이 겉으로 보기에는 음식 문화의 리더라고 할 수도 있지만, 사실 뉴욕은 너무 다문화 도시라 진정한 요리를 배우기에 좋은 도시는 아니라고 생각한다. 하지만 이탈리아는 식재료에 대한 이야기부터 문화가 강하게 자리 잡혀 있기 때문에 음식의 깊이를 더 느낄 수 있다. 치즈나 토마토를 똑같이 사용하더라도 그 지역에서 꾸준히 내려온 그들만의 레시피가 도시마다 다르기 때문에 요리의 깊이를 각 도시마다 느낄 수 있지만 뉴욕은 유행에 민감하게 따라가는 요리 문화를 배울 수 있었다. 다시 말해 뉴욕에서 기술을 배웠다면 이탈리아에서는 식문화를 배운 셈이다. 이탈리아는 지역마다 자랑하는 식재료가 있는데 이 재료의 품질이 정말 좋기 때문에 그 재료를 활용한 요리가 발달할 수

밖에 없다.

세계적인 여행 전문 월간지인 〈콘드 나스트 트래블러Conde Nast Traveler〉는 이탈리아를 대표하는 음식 열 가지를 선정했다. 이 음식들은 시칠리아의 카놀리, 나폴리의 피자, 제노바의 포카치아, 에밀리아 로마냐의 피아디나, 로마의 파스타(카쵸에페페), 아풀리아의 판제로티, 프리울리 베네치아 줄리아의 프리코, 토리노의 초콜렛, 베네치아의 치케티 그리고 피렌체의 비스테까 알라 피오렌티나였다.

이중에 몇 개는 다소 생소한 음식일 수 있으니 간략하게 설명해 보겠다. 먼저 카놀리Cannoli는 이탈리아 시칠리아의 대표적인 디져트로 리코타ricotta 치즈를 달달하게 만들고 그 안에 초콜릿과 레몬 그리고 견과류가 들어가 있다. 피자는 이탈리아 음식 중 가장 대표적이면서 많은 사람들에게 사랑을 받고 있다. 원래 고대 그리스 로마 시대에 모레툼moretum이라 해서 이스트를 넣지 않고 그름과 식초를 넣은 반죽을 구워 낸 빵에 마늘과 양파를 곁들여 먹는 일반적인 빵이었다. 당시 이탈리아 남부의 나폴리에서는 모레툼과 비슷한 라가노lagano를 사용하여 각종 야채를 얹어서 오늘날 피자와 비슷하게 먹었다. 이후 18세기 접어들면서 토마토를 사용하고 점점 모짜렐라 치즈, 엔초비 그리고 다양한 햄이나 야채를 사용하기 시작하면서 오늘날의 피자가 되었다고 한다.

포카치아는 이탈리아 제노바에서 서민들이 가장 많이 즐겨먹는 식전 빵이다. '포카foca'는 라틴어로 불을 뜻하는 '포카스focas'에서 유래하였고, 포카치아는 '불에 구운 것'의 의미라고 한다. 피자의 전조 격인 포카치아는 이탈리아에서 가장 오래 된 빵 종류 중 하나이다. 이외에도 유명한 대표적 이탈리아 빵으로 '치아바타ciabatta'도 있다. 치아바타는 참 생소한 음식이지만 이탈리아에서는 많이 먹는 에밀리아 로마냐 지역의 고유한 빵이다. 카초에페페Cacio e Pepe는 내가 좋아하는 파스타 중 하나인데 치즈와 후추로 만든 소스를 말한다. 양젖으로 만든 페코리노pecorino 치즈에 갈린 후추가 아닌 통후추를 바로 절구에 빻아서 뿌려 만든 파스타이다. 치즈의 독특한 향과 후추의 깔끔함이 어울린다. 파스타 중에서 역사가 조금 오래 되어 토마토 소스가 나오기 전에 이탈리아 옛사람들이 많이 즐겨 먹은 파스타 중 하나이다. 판제로티는 이탈리아 중부와 남부 특히 아풀리아Apulia의 전통 음식이자 대표 길거리 음식 중 하나이다. 반달 모양의 밀가루 반죽에 속은 피자처럼 토마토, 야채, 고기, 그리고 치즈를 넣어 튀긴 피자 빵이다. 프리코Frico는 이탈리아 동북부 프리울리-베네치아 줄리아 지방의 전통 음식으로 치즈를 곁들인 포카치아의 한 종류이다.

초콜릿은 굳이 설명을 하지 않아도 전 세계인이 사랑하는 디저트 중 하나이다. 이탈리아 토리노 지역의 초콜릿은 세계적으로 유명하다. 우리가 익히 알고 있는 초콜릿 브랜드 '페레로로쉐' 또한 1946년 토리노 부근에서 창립자 피에트로 페레로가 헤이즐넛과 코코아를 넣어 발라먹기 편한 스프레드를 제조하여 팔다가 이후 누텔라라는 제품으로 전 세계적으로 확산된 것이다.

치케티Cicchetti는 이탈리아 베네치아 사람들의 생활을 잘 보여주는 전통 요리이다. 주로 빵 위에 해산물, 육류 채소 등을 올려 먹는데 모습은 우리가 흔히 알고 있는 브루스케타Bruschetta와 비슷하게 한입 사이즈로 만들어져 있다. 베네치아에서 우연히 치케티를 보고 내가 아는 맛이겠지 하며 먹었었는데 그때 먹은 치케티 맛은 아직까지 생각난다. 마지막으로 내가 피렌체 유학 시절에 지겹도록 먹던 비스테까 알라 피오렌티나Bistecca alla Fiorentina이다. 쉽게 말해 티본 스테이크이다. 'T'자 모양의 뼈를 중심으로 안심과 등심이 함께 붙어 있어 전 세계 스테이크 전문점에 가면 다 있는 종류 중 하나이다. 비스테카 알라 피오렌티나Bistecca alla fiorentina는 이탈리아 토스카나주 피렌체 지방의 전통 요리이다. 어원은 1800년 초쯤 피렌체 지역을 지배하던 메디치 가문에서 산 로렌조 광장 축제 기간에 대량의 소고기를 모닥불에 구워 군중들에게 나눠줬을 때 마침 이곳을 방문 중이던 영국인 학자와 상인들도 이 고기를 받아먹고자 영어로 '비프 스테이크'를 외쳤는데, 당시 이탈리아 현지인들은 이를 듣고 그들 식으로 '비스테카'라고 발음하게 되었다고 한다. 그 이후 '피렌체 스테이크'라는 의미로 비스테까 알라 피오렌티나가 유래되었다는 설이 있다.

개인적으로 이탈리아 요리는 마치 그들이 인생을 어떻게 살아가는지 그 자세를 그대로 보여주는 것 같다. 내가 안드레아 집에 놀러 갈 때마다 안드레아 어머니는 항상 맛있는 이탈리아 가정식을 차려주셨는데 종종 그 맛이 그리워진다. 그중에서도 샐러드가 가장 인상 깊었다. 싱싱한 채소 잎에 레몬을 조금 짜고 그 위에 소금으로 살짝 간을 맞추고 마지막으로 집에서 만든 백식초와 얼마 전에 농장에서 갓 짜온 올리브오일로 마무리한다. 재료는 단순했지만 먹으면 먹을수록 입 안에서 퍼지는 신선하고 풍부한 맛은 평생 잊을 수 없을 것 같았다. 이탈리아 요리의 기본이 재료 본연의 맛을 살리는 것이라고 하지만 아무리 그래도 이렇게 간단한 재료를 통해 입맛을 사로잡기란 어려운 일이라는 생각이 든다.

내가 피렌체로 요리 유학을 온 것은 맞지만 학교에서 배울 수 있는 것은 생각보다 많지 않았다. 피렌체 요리 학교는 기본적으로 가정식에 충실할 것을 요구하거나 참신한 요리를 요구했다. 나는 안드레아 어머니가 해 주시는 요리를 보고 이탈리아 요리에 대해 많은 생각을 하게 되었다. 재료의 풍부함, 멋 부리지 않는 소박함 그리고 무엇보다 진짜 요리를 위한 진솔한 마음에 빠져들게 된 것이다. 나의 진짜 이탈리아 요리 학교는 수업이 아닌 안드레아 집에서 시작하였고 곳곳의 투박한 식당들에 매료되었다.

이탈리아 요리가 유명한 이유는 그들이 요리에 임하는 태도와 삶을 살아가는 자세라고 생각한다. 요리를 통해 이탈리아 사람들의 삶의 가치관까지 느낄 수 있으니 요리 과정과 문화는 아주 존경스럽기까지 하다. 이탈리아 사람들은 운전을 할 때를 빼고 항상 여유와 휴식을 취하며 쉬어 가는 것을 지향한다. 여름에는 항상 바캉스를 떠나야 하고 저녁 식사도 친구들과 느긋하게 2~3시간씩 와인을 마시며 웃고 떠들다가 잠이 드는 것이 일상이다. 이에 비해 나는 항상 열심히만 살려고 노력했었다. 시간을 쪼개서라도 의미 있게 보내려는 강박이 있었던 셈이다. 하지만 이탈리아 요리처럼 기본에 충실하며 천천히 심도 있게 살아가는 것도 또 다른 좋은 방법이 아닐까 싶다.

이탈리아 사람들은 가장 기본적인 틀에서 창의적으로 자신만의 요리를 만들어 간다. 또한 자신만의 시간을 여유롭게 즐기며 취향에 맞게 삶의 변화를 준다. 그것을 요리에서도 느낄 수 있다. 그래서 그들에게 요리는 삶이고 삶은 요리인 것이다.

자유여행 트립아이에 이탈리아를 담다

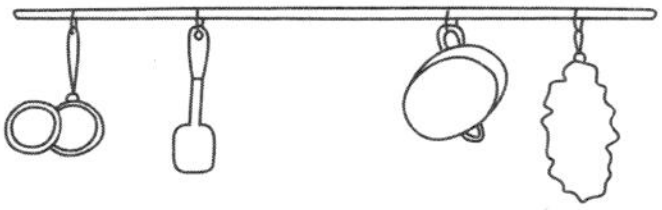

대학원을 졸업하고 나의 첫 사업은 이탈리아 현지 투어 가이드 일이었다. 거창하게 사업이라고 하기에는 조금 쑥스럽지만 어쨌든 매출과 매입이 발생했던 엄연한 여행 비지니스였다. 이 사업을 하게 된 계기는 갑자기 찾아왔다. 이탈리아 현지에서 사람들이 여행하는 모습을 계속 보다 보니 여행자들이 현지에서 가장 필요로 하는 부분과 힘들어 하는 고충을 알게 된 것이었다. 그리고 그 빈틈이 보이기 시작했다. 특히 유럽 여행은 누구나 한번쯤 오고 싶어 하는 곳이다 보니 대부분의 사람들은 이탈리아에 오기 몇 달 전부터 완벽한 계획을 짜기 시작한다. 그만큼 떠나기 전 기대감이 매우 크다는 것이다. 심지어 이탈리아에 두 번 다시 못 올 것처럼 최대한 많은 곳을 가보고 많은 것들을 경험하길 원한다. 하지만 막상 오면 계획대로 흘러가는 경우가 극히 드물고 매우 힘들기도 하다. 이탈리아는 넓고 주어진 시간은 별로 없는데 또 어디를 어떻게 가야할지 잘 모르기 때문이다. 인터넷만 믿고 갔다가 실망한 경험이 많으면 많을수록 더 불안하기 마련이다. 그래서 여행은 각자가 느끼는 만족도가 천차만별일 수밖에 없다.

여행을 떠나기 전에 설레는 이유는 자신의 상상대로 모든 일이 진행될 것이라는 상상에 빠져 있기 때문이다. 그러나 막상 현지에 도착하면 쓰는 언어와 문화가 다르기 때문에 긴장해야 할 일이 종종 생기기도 한다. 내게 유럽은 미국 여행과는 또 다른 도전 같은 여행이었다. 그래서 대부분 유럽 여행을 갈 때는 현지 가이드 투어를 가장 많이 하기도 하고 동시에 현지 가이드에 대한 의존도가 다른 나라보다 높은 편이다. 심지어 가이드의 말 한마디로 맛집의 기준이 바뀌고 여행 계획을 바꾸기도 한다. 하지만 과연 내가 갈 때마다 나를 만족시켜 줄 수 있는 가이드를 항상 만날 수 있을지 생각해 봐야 할 것이다. 현지 가이드가 중요한 이유는 가이드 한 사람으로 인해 황금 같은 유럽 여행을 망칠 수도 있고 반대로 평생 잊지 못할 추억으로 남을 수 있기 때문이다. 현재 유럽에서 활동하는 투어 가이드들 중에 가이드를 본업으로 준비하고 시작한 훌륭한 가이드도 있지만 그렇지 않은 경우도 많다. 예를 들어 성악이나 패션을 공부하러 왔다가 아르바이트로 시작한 가이드 일을 10년이 지난 지금까지 하고 있는 경우가 꽤 많다. 일반적으로 유럽 여행의 콘셉트는 패키지여행과 자유 여행으로 나눌 수 있다. 패키지여행은 관광 명소를 주어진 시간을 최대한 활용하여 꽉 채워 다니는 것이고, 자유 여행은 말 그대로 정해진 틀 없이 내 마음대로 자유롭게 다니는 것이다. 내 경험을 토대로 말하자면 나의 첫 패키지여행은 일곱 살에 가족끼리 떠난 유럽 여행이었는데 짧은 기간 안에 너무 많은 국가를 다니다 보니 힘들어서 기억조차 잘 나지 않았다. 물론 나이가 어렸기도 했지만 패키지여행 특성상 여유 있는 여행은 되긴 힘들기 때문인 것도 있을 것이다. 하지만 장점도 있다. 짧은 시간 안에 많은 것을 볼 수 있다는 점이다. 여행 준비도 많이 할 필요가 없고, 여행을 가서도 큰 걱정 없이 가이드만 따라다니면 되니 웬만한 그 나라 문화는 한 번씩 다 볼 수 있다.

반면에 자유 여행의 가장 큰 장점이자 재미는 예상하지 못한 상황에서 오로지 나를 위한 자유로운 선택이다. 이런 선택은 평소에 일어나지 않는 일들이라 정해진 틀이 아닌 자연스런 상황에 따라 자율적인 선택인 것이다. 해외에서 혼자 여행을 한다면 어떤 선택이든 정답은 없다. 내가 선택한 것이 정답이 된다. 그냥 물 흐르듯이 받아들이고 앞으로 나아가면 된다. 복잡한 유명 관광지를 돌아보느라 생각할 여유조차 없는 시간이 아닌 혼자만의 시간 혹은 둘만의 시간을 맘껏 보낼 수 있기 때문에 기억에 남는 여행이 될 수 있다. 하지만 이 모든 여행 준비 과정이 만만치 않은 일이기 때문에 이 모든 과정들이 귀찮다면 패키지여행으로 가는 것이 더 현명할 수 있다. 어디까지나 사람마다 다 다른 여행 스타일이 있기 때문에 정답은 없을 것이다. 하지만 내가 인생에서 추구하는 여행이란 새로운 풍경을 보는 것이 아니라 새로운 눈을 가지는 것이다. 그게 바로 자유 여행을 하면 더 많이 얻을 수 있는 것 같다. 그리고 이동 구간이 많은 여행은 추천하지 않는 편이다. 나는 한곳에서 오래 천천히 그 도시의 분위기를 느끼는 것이 진정한 자유여행의 시작이라 생각하기 때문이다.

사실 현지에서 투어 가이드 일을 작정하고 본업으로 삼고 준비하는 사람들은 극히 드물다. 현지에서 자신의 사정으로 인해 생계형으로 일을 하다 보니 손님을 위해 사명감을 갖고 일하는 경우는 찾기 힘들다. 여행은 유익하기도 해야 하지만 즐거워야 한다. 하지만 가끔 가이드가 설명에만 심취해 본인이 알고 있는 모든 지식을 총동원하며 투어 분위기를 마치 역사 강의처럼 만들어버리는 경우도 종종 있다. 그렇게 되면 물론 여행객 입장에선 쉽게 지루해질 수 있다. 결국 여행에 와서 머리만 복잡해져서 돌아가는 기분이 들 수 있는 것이다.

유럽 여행에서 투어 가이드는 매우 큰 역할을 한다. 가이드가 주는 에너지와 정보가 여행 전체를 결정할 수도 있기 때문이다. 하지만 보통 여행자가 미리 가이드를 선택할 수 있는 것은 아니기 때문에 그 사람이 어떤 사람인지 또 어떤 경력을 갖고 자신에게 설명하는지 도무지 알 길이 없다. 현지에 가면 젊을 때 유학을 와서 현지에서 가이드 일을 하며 정착을 한 사람들도 많다.

나는 이런 여행의 틈새를 잘 파악해서 젊은 감성으로 가이드 선발만 잘 한다면 괜찮은 투어 사업 아이템이 되겠다고 판단했다. 동기부여는 아주 간단했다. 예를 들어 내가 이탈리아 여행을 잔뜩 기대하고 왔는데 여행지에서 만난 가이드가 유머가 있고 이탈리아 역사에 대해서도 해박하지만 지루하지 않게 설명해 준다면 여행의 완성도는 올라갈 것 같았다. 그래서 나는 이탈리아 전문 투어 가이드 회사를 해보기로 결심했다. 먼저 주변에서 가이드 영입을 위해 찾기 시작했다. 마침 가장 친한 고등학교 친구 두 명이 눈에 들어왔다. 한 명은 특전사 중사 만기 전역으로 자영업을 하고 있었고, 다른 한 친구는 대학 졸업 뒤 카페를 차릴지 말지 고민을 하고 있는 단계였다. 모두 어떻게든 열심히 살아 보려는 의지가 강한 친구들이었다. 그래서 나도 그들에게 섣불리 말을 꺼내기가 쉽지 않았다. 하지만 이 친구들이라면 실패를 해도 멋지게 할 것 같다는 믿음이 처음부터 강했다. 우리는 고등학교 때부터 가장 친했고 워낙 서로를 잘 알기 때문에 신뢰가 두터운 사이였다. 물론 너무 가까운 친구이다 보니 걱정도 되긴 했다. 조심스럽게 나의 비즈니스 모델을 설명하고 젊은 날의 이탈리아 생활에 대해 이야기했더니 조금의 망설임도 없이 나라면 뭐든지 함께 할 수 있다고 말해 주었다. 이때 친구들의 말이 너무도 고마웠고 든든했다. 시작은 소소하지만 끝은 창대할 것이라는 목표를 안고 우리는 무작정 이탈리아에 모였다.

처음에는 초기 자본금을 아끼기 위해 투어 가이드 일을 하면서 현지에서 게스트하우스도 같이 운영했다. 게스트하우스 덕분에 사업을 하자마자 다행히 고정비용도 해결할 수 있었고 친구들에게 약속했던 월급까지 다 맞출 수 있었다. 우리는 한마음 한뜻으로 피렌체에서 정말 하얗게 젊음을 불태웠다. 이렇게 일 년 정도 일을 하다 보니 우리도 모르게 금방 적응도 하고 소셜네트워크를 통해 입소문이 나 자리를 잡기 시작했다. 우리는 본격적으로 현지 투어 가이드 서비스에 집중하면서 더욱 이탈리아에서 큰 꿈을 준비했다. 여행 시장의 틈새였던 노후된 마케팅과 서비스를 잘 타깃팅한 덕분에 고객들의 반응이 항상 좋게 나타났다. 열심히 하다 보니 2년 만에 이탈리아 내 투어 회사들 사이에서도 경쟁력이 생기면서 정상권에 올라섰다. 그동안 다양한 마케팅이 점점 빛을 발하는 것이었다. 이렇게 버티기 작전으로 피렌체를 시작으로 로마, 그리고 베네치아까지 확장하면서 매출보다 성취감으로 더 많은 일을 했다. 친한 친구들과 타지에서 무언가를 이루고 있다는 기분은 잊을 수 없었다. 그렇게 우리는 '트립아이'라는 이름으로 이탈리아에서 4년이란 시간을 마무리했고, 더 큰 꿈을 안고 인수 합병이라는 의미 있는 결정을 하게 되었다.

같은 업계에 있는 규모가 훨씬 큰 투어 가이드 회사에게 '트립아이'를 조건부로 매각하게 되었다. 맨땅의 헤딩하듯 만들어낸 투어 가이드 회사인만큼 높은 가치에 팔고 싶은 마음은 컸지만 현실은 냉정했다. 우리가 생각한 것만큼의 매각 액수가 되는 것은 아니었지만 보이지 않은 좋은 조건들이 있었다. 결국 가이드 친구들은 인수하려는 회사 소속으로 정식으로 계약을 해 입사하게 되었고, 나는 다른 사업을 하는 조건으로 이탈리아 총책임자로 역임되었다. 누구에게 자랑할 정도의 매각 조건은 아니었지만 그래도 4년이란 세월 동안 하나의 브랜드를 만들고 유지하면서 매각까지 하는 과정을 겪은 것만으로 굉장히 좋은 경험이었다. 이렇게 아쉽고 뿌듯한 마음으로 '트립아이'와 이별하게 되었다.

규모도 작고 돈도 없는 작은 회사가 그런대로 버틸 수 있었던 이유는 오로지 하나였다. 바로 '서로를 먼저 생각하는 끈끈한 배려'였다. 친구끼리 같이 일을 하면 안 된다는 주변의 사람들도 많았지만 막상 나는 잘할 수 있다는 믿음이 막연하게나마 있었다. 그래서 그냥 큰 계산 없이 시작했던 것 같다. 어려움이 있을 때마다 '우린 다르다'라는 생각으로 서로의 입장에 서서 최대한 이해하고 노력하면서 잘 지내왔다. 나는 나의 첫 사업이 어떻게든 굴러가 버틴 것만으로도 큰 성공이라고 생각한다. 하지만 항상 나를 물끄러미 지켜보고 있는 아버지는 내게는 전형적인 성공한 사업가였다. 아버지는 건축을 전공하셨고, 평생 건설업에 종사하

셨다. 정직함과 성실함으로 30년 이상 건설 회사를 운영하면서 지역 발전에 많은 발전과 성과를 이루어 내셨다. 하루에도 수십 개씩 부도난다는 건설 시장에서 아직까지 유지하고 있으니 의심할 여지가 없는 성공한 사업가임은 틀림없다고 생각한다. 아버지의 성공 요인은 바로 정직함과 인성일 것이다. 왜냐면 회사나 기업은 탄탄한 조직력으로 운영되는 것이고 그 조직은 인간관계에서 비롯된다.

나는 세상에서 아버지를 가장 존경한다. '트립아이'를 운영하면서 알게 모르게 아버지에게 주옥같은 명언을 듣고 영감을 느낀 적이 많다. 물론 아버지가 사업을 확장했던 시대와 그때는 달랐지만 나 또한 비슷하게나마 회사를 경영하려고 노력했던 것 같다. 내 스스로 당장 매출은 크지 않더라도 여행객들에게 좋은 추억을 만들어 준다고 자부하면서 쉽게 포기하지 않고 끝까지 버텼다. 이런 나를 아버지는 알고 이해해 주셔서 언제나 나의 생각과 판단을 응원을 해 주셨다. 물론 다른 경상도 아버지와 아들이 그러하듯 나와 아버지 사이에도 무뚝뚝함 속에 언제나 따뜻함이 있다. 나는 그런 아버지를 항상 사랑한다.

쉴 때에도 낭만을 담는 이탈리아 사람들

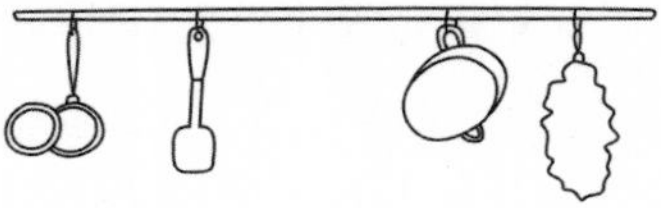

내가 이탈리아에서 가장 크게 느낀 점이 있다면 바로 '휴식에 대한 재해석'이다. 소소하지만 자신만의 라이프스타일에 맞게 휴식을 취하기 위해 노력하고 끊임없이 준비하는 이탈리아 사람들을 보면서 크게 놀랐었다. 이탈리아 사람들이 삶을 살아가는 방식과 가치관이 굉장히 멋있어 보였다. 한 번 사는 인생을 가장 낭만 있게 살려고 노력하는 것 같았기 때문이다.

피렌체에 살면서 '나도 저렇게 낭만과 감성을 잃지 않고 살고 싶다'라는 생각이 많이 들었다. 이탈리아를 포함한 유럽인들이 생각하는 '휴식'에 대한 정의는 나와는 정말 달랐다. 기본적으로 휴식이란 시간을 인생에서 아주 중요시 여긴다. 그렇다고 백수처럼 놀고먹자는 이야기가 아니다. 휴식은 다시 일상으로 돌아가 열심히 일을 하기 위한 재충전이다. 우리가 무의식적으로 쉬고 싶다는 생각이 든다는 것은 많이 지쳐 쉬고 싶다는 뜻이다. 그럴 때는 시간을 충분히 가지고 휴식하여 다시 힘을 내야 하는 것이다. 특히 현재 우리들은 '좋아하고, 하고 싶은 일'보다는 '할 수 없이, 할 수밖에' 없는 일들을 대부분 하고 있기 때문에 에너지 소모량이 더 클 것이다. '번아웃 증후군'이란 증상이 있다. 밀려오는 일에 집중하고 정신적 에너지를 다 소진시킨 후 충분한 휴식이 없다 보니 무기력과 우울함이 생기는 증상이다. 전 세계적으로 우리나라 20~30대 직장인들이 일하는 일의 강도와 양은 상위급이 될 정도로 쉬지 않고 일한다고 한다.

우리들에게 휴식이 주어지긴 하지만 소진시킨 에너지에 비해 너무 적다. 그 짧은 휴식 시간마저 그냥 흘려보내는 게 일반적이다. 딱히 어떻게 휴식을 잘 취해서 재충전하겠다는 의식이 적기 때문이다. 그래서 우리에게 가장 익숙한 휴식은 '집에서 누워서 텔레비전 보기'가 되어 버린 것이다. 한국 사람에게 '휴식', '여유'는 그다지 친숙한 단어가 아니다. 사실 우리는 휴식을 취하는 방법을 모르고 있기도 하다. 그저 집에서 평화롭게 누워서 텔레비전을 보는 것이 휴식이라고 생각할 수밖에 없다. 지금까지 어떻게 휴식을 취해야 하는지 가르쳐 준 사람도 없고 보고 배운 적이 없기 때문이다. 그만큼 조상부터 부모님 세대까지 너무나도 치열하게 여유가 없이 살아온 것 같다.

어릴 때 가장 귀에 익숙한 말 중 하나는 '쉬면 뭐해?'였다. 어디서 들었는지는 잘 모르겠지만 크면서 굉장히 많이 들었다. 그래서 그런지 쉬는 날에도 잘 쉬지 못하고 뭐라도 해야 할 것 같고, 아무것도 안 하면 뭔가 뒤처지는 기분이 든 적이 있었다. 원인 모를 이상한 증상이다. 쉬는 날에 내가 가장 좋아하는 무언가를 하면서 행복을 느끼면 되는데 뭔가 생산적인 일을 해야만 하는 이상한 의무감이 생기는 것이다.

"쉬면 뭐해!"라고 말하는 사람들이 만들어 내는 이 각박한 삶 속에서 우리에게 '휴식'은 '뒤처짐'이 되어 버린 것 같다. 우리 정서에 각인 된 '휴식'은 나 말고 다른 사람도 신경 써야 하는 그다지 자유롭지 못한 부분이 되어 버린 것 같아 아쉬울 뿐이다.

우리나라 직장생활에도 물론 휴가 제도가 있다. 다만 있는 눈치 없는 눈치 다 보면서 결국 내가 원하는 날짜에 정작 못 쓰는 경우가 많을 뿐이다. 결국 제대로 휴가 계획을 세울 수 없기 때문에 제대로 보내지도 못하는 것이다. 의무적인 휴가는 몸만 피곤할 뿐 제대로 된 휴식을 취할 수 없다. 이탈리아를 포함해서 프랑스, 덴마크, 독일, 스위스 등 대부분의 EU 국가는 체계적인 복지 문화가 자리 잡힌 것으로 알려져 있다. 세계 최초의 유급 휴가 제도는 프랑스에서 시작되었다. 1936년 8월 2주간의 유급 휴가를 법적으로 보장하기 시작해서 지금까지 휴가 사용률이 가장 높은 나라로 뽑히고 있다. 근면한 나라인 독일 또한 최소 24일 유급 휴가를 법적으로 보장받고 있으며 노조의 단체 협약에 따라 최대 30일까지도 보장받는다고 한다. 이탈리아 역시 마찬가지다.

상대적으로 근무시간이 짧은 만큼 많을 일을 처리하기 위해서 업무 집중도가 매우 높아야 한다. 이건 미국 회사에서도 같은 문화인데, 직원들이 업무 시간에 딴짓을 잘 안 하는 편이라고 한다. 심지어 정부에서 최근에는 근무시간에 담배를 피우는 사람들의 연봉을 내려야 한다고 발표하면서 사회 쟁점이 되었다. 쉽게 말해, 일을 최대한 효율적으로 집중해서 빨리 끝내자는 취지이다. 정해진 업무시간에 빠르고 정확하게 일을 끝내고 일찍 퇴근을 하는 것이 업무 중간에 커피를 마시러 바람도 쐬다가 늦게 퇴근하는 것보다 더 낫다는 것이다. 결론적으로 우리는 휴식을 즐기는 방법을 모르기 때문에 휴식이 주는 에너지가 얼마나 큰지 느끼기 힘들다. 그래서 우리는 휴식에 대한 중요도가 유럽인보다 낮을 수밖에 없다. 휴가를 보낼 시간이 많아도 휴가를 보내는 방법을 모르면 자신의 소중한 시간을 그냥 흘려보내는 것과 다르지 않는다. 그럼 휴가를 보내고 나서도 동기부여나 에너지를 얻기는커녕 더욱 피곤하고 다가오는 현실에 대해 불평만 하게 된다. 그렇다면 도대체 어떻게 '휴식'을 보내야 할까? 나는 휴식을 취미에 집중하는 시간으로 보낸다. 즉 다시 말해, 평소에 내가 정말 하고 싶은 것에 투자와 열정을 쏟으며 에너지를 얻으며 삶의 활력을 되찾는 것이다. 건강이나 특별한 목적이 있어서 하는 것이 아닌 돈을 써도 아깝지 않아야 한다. 예를 들어 건강을 위해 하는 운동은 취미라고 말하기 힘들다. 취미는 어느 특정한 목적보다 그 시간 자체가 설레고 기다려지면서 행복감이 들어야 한다. 그리고 완성도 높은 취미 수준을 위해 과감한 투자도 이루어져야 진정한 내 인생의 취미가 된다.

"먹고 살기도 바쁜데 꼭 이런 취미가 있어야 돼?"라고 말하는 사람들도 분명 있을 것이다. 개인적으로 나는 취미는 인생을 살아가는 데 있어서 '선택'이 아닌 '필수'라고 생각한다. 꼭 스트레스를 풀기 위한 수단이 아닌 나만의 라이프스타일을 만들어 주는 역할로써 아주 중요하다. 하지만 이런 취미를 찾는 것 자체가 정말 어려운 인생의 숙제이다. 남 하는 걸 보고 따라한다고 해서 나도 그들과 같은 열정이 생길거란 보장도 없을 뿐만 아니라 모두가 다 다른 취향을 가지고 있기 때문에 내 스스로 찾아야 한다. 마음에서 우러나서 정말 나에게 맞는 취미를 찾아야 한다. 또한, 제대로 된 취미를 가진 사람들은 꾸준히 취미 활동을 하기 때문에 매사에 성실한 이미지로 보게 된다. 그러면서 주변 사람들로부터 인정받게 된다.

우연히 배우 하정우씨가 쓴 《걷는 사람, 하정우》라는 책을 읽게 되었다. 그의 취미는 걷기와 그림 그리는 것이다. 우연히 걷기 취미를 갖게 되었는데 지금은 강남에서 홍대까지 특별하게 바쁜 일이 없으면 걸어 다닌다고 한다. 과연 일반인이 할 수 있을까? 매우 힘든 일이다. 하지만 그가 가능한 이유는 걷는 것을 본인의 취미로 각인시켜 버렸기 때문이다. 함께 걷는 사람들과 가끔은 서로의 삶에 약이 되는 이야기도 공유하면서 새로운 자극을 받는다고 한다. 취미가 곧 행복한 인생의 방향을 가르쳐 주고 있는지도 모른다.

성공했거나 열심히 사는 사람들의 인생 스토리를 듣다 보면 나도 모르게 자극이 되고 어느 부분은 공감대 형성이 된다. 성공한 이들의 공통점은 모두 본인 스스로 휴식을 취하는 방법을 잘 알고 있었다. 그러면서 스스로 자신의 삶의 가치를 스스로 올린다. 그들은 열심히 일해서 성공한 직업 이외에 시간이 더 빛나고 값진 삶을 살고 있을지도 모른다. 값진 삶을 살기 위해 일을 한다고 말하기 때문이다.

#004

인생에 가장 아름다운 낭만을 품다

왜 그들은 유독 행복해 보일까?

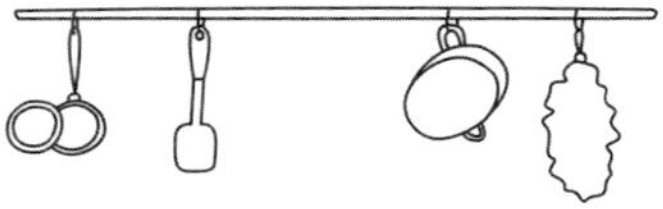

내가 초등학생이였을 때 우리 가족은 처음으로 유럽 여행을 갔다. 그 당시만 해도 유럽 여행은 짧은 일정에 최대한 많은 나라를 가 보고 오는 것이었다. 프랑스, 이탈리아, 스위스 등 결국 대표적인 유럽 국가는 다 돌고 오긴 했다. 이 여행에 대해 기억나는 건 처음 만난 가족들과 어딘지 잘 모르는 유명한 관광지를 함께 관광 버스를 타고 가면서 수다를 떤 기억이 전부다. 그나마 여행에 대해 제대로 기억하는 것은 어머니뿐이었다. 워낙 짧은 일정에 빡빡한 여행사의 상업적인 스케줄 때문에 콜로세움이 어느 나라에서 봤는지 에펠탑은 언제 지어진 건축물인지 어디서 먹은 파스타가 맛있었는지 기억은 혼란스러웠다. 사진이 없었다면 그냥 스쳐지나간 기억의 한 조각일 뿐이었다. 사실 이때만 해도 유럽 패키지여행이 매우 보편화되어 있었고, 아이들을 데리고 해외여행을 간다는 것 자체가 부모님 입장에서는 큰 도전이다. 어쨌든 이 여행 이후 우리 가족은 패키지여행은 한 번도 가지 않았다. 그래도 어릴 때부터 비행기랑 친해져서 그런지 나는 여행을 가는 것에 굉장히 자유로운 사고를 가지고 있었다. 기회가 되면 무리해서라도 가려고 노력했다. 사실 여행은 돈이 없어서 못 가기보다는 시간이 없어서 못 가는 경우가 더 많다. 그래서 일단 비행기 표를 구입하고 가는 날짜가 다가올수록 최대한 갈수 있는 상황에 맞춰 본다. 이렇게 하지 않으면 여행은 딱히 동기부여가 없으면 눈앞에 놓인 우선순위에 밀리게 된다. 하지만 여행을 다녀온 후 일상으로 돌아갔을 때 느끼는 에너지는 확실히 다르다는 것을 느낄 수 있다. 바쁜 일상 속에서 한 템포 여유를 갖게 된다.

나는 언제나 자유 여행 콘셉트로 계획을 짰다. 큼지막한 계획만 세우고 내가 원하는 나라에 따라 장소, 시간, 숙박, 음식 ,교통 등 모든 사항을 내 스스로 결정하는 것을 좋아한다. 또한 현지 상황이나 개인적인 변심으로 자유롭게 계획을 바꾸기도 한다. 때로는 테라스 카페에 앉아 대낮부터 와인을 마시며 반나절을 보내는 그런 여행을 사랑한다. 오히려 여행을 가서 이런 여유 속에서 많은 생각들이 정리가 될 때가 있다. 다들 치열한 현실 속에서 잠시나마 모든 것을 내려놓고 아무 생각 없이 있다 보면 나도 모르게 마음이 편해지고 큰일인 줄 알았던 사건 사고들은 조금 더 지혜롭게 바라볼 수 있게 된다.

나는 여행을 하면서 내 스스로 행복하다는 감정을 많이 느낀다. 사람마다 각자 다른 이유가 있겠지만 가장 큰 이유는 다른 나라 사람들의 일상 속의 삶을 엿볼 수 있기 때문이다. 나는 여행에서 현지 사람들의 표정과 작은 행동을 가장 유심히 살피고 관찰하는 것을 즐긴다. 계속 보다 보면 그들이 삶을 얼마나 즐기는지 보인다. 길을 걷다가 우연히 들어간 카페에 바리스타가 커피를 내리고 있으면 자연스럽게 말도 걸어 본다. 그리고 몇 마디를 나눠 보면 얼마나 이 일을 좋아하는지 느껴진다. 그리고 그 카페에 아무 목적 없이 2시간 정도 책을 읽던지 노트북을 하면서 카페 전체를 물끄러미 쳐다보곤 한다. 커피 내리는 모습도 너무 행복해 보이고, 카페를 오는 손님들도 이유 없이 즐거워 보인다. 그냥 저 사람은 자신의 인생을 즐길 줄 아는 것 같아서 보기 좋았다. 내가 하는 여행은 이런 작은 상황에서부터 완성된다. 그러면 문득 내 인생도 한번 생각해 보게 된다. 내 인생과 그들의 인생을 비교하는 것이 아니라 그들을 보면서 내 인생도 다시 한 번 응원하는 것이다.

왜 해외에 나가면 그들이 유독 더 행복해 보일까? 그냥 남의 떡이 더 커 보이는 걸까 아니면 진짜 그들이 더 행복한 걸까. 개인적으로 그들이 평균적으로 좀 더 행복한 삶을 살고 있을 거라고 생각한다. 물론 정답을 알 순 없지만 한 가지 확실한 것은 적어도 그들은 우리처럼 남이 정해 놓은 삶을 살지는 않는 것 같다. 과연 '우리들의 30대는 안녕한가?'

중고등학교 다니면서 죽을힘을 다해 공부하여 최대한 좋은 대학교 가려고 애쓰고, 힘들게 대학교에 들어가서 이제 조금 나에 대해 알아볼 시간을 갖나 했더니, 남들이 알아주는 회사에 취업하느라 정신없다. 간신히 회사다운 회사에 입사했더니 살아남기 위해 끊임없이 자기계발을 생각한다. 그리고 더 높은 연봉을 위해 안정적이었던 지금의 회사도 뒤로한 채 과감히 이직도 도전해 본다. 그렇게 20대는 순식간에 지나가고 30대를 바라보게 된다. 이렇게 치열하고 바쁜 일상 속에서도 어떻게든 좋은 배우자를 만나기 위해 연애도 최선을 다한다. 그러면 이제 결혼 생각 없냐고 주변에서 한 마디씩 거들기 시작한다. 결혼식, 결혼 자금, 신혼집, 혼수 마련 등 생각만 해도 가슴이 막막해지고 그렇게 행복했던 연애 시절은 잊고 머리에 쥐가 나기 시작한다. 여기에 추가로 순탄한 결혼이 아닌 반대하는 결혼의 시작은 아주 끔찍하다.

인생의 삼분의 일밖에 되지 않는 30대의 인생에도 이런 일들이 끊이질 않는다. 인생은 선택의 연속이란 말이 생각난다. 마치 패키지여행처럼 주어진 시간보다 해야 할 일과 가야할 곳이 많다. 그것도 내 의지와 상관없이 말이다. 물론 이러한 삶이 잘못된 것도 나쁜 것도 절대 아니지만 그래도 나름 낭만이 있고 감성적인 인생을 살고 싶지 않은가. 물론 패키지여행처럼 짜여진 인생을 사는 것을 틀렸다고 말하는 것이 아니다. 패키지여행도 장점은 많기 때문이다. 심지어 어떤 이들은 자유 여행보다 패키지여행을 선호하는 사람들도 있다. 하지만 나는 내 인생은 자유 여행처럼 살고 싶다. 자유로운 계획대로 인생의 여행을 이끌어 가야 스스로 정한 '행복'에 가까워지기 때문이다. 100살 패키지 인생 여행은 생각만 해도 지치니까 말이다.

미미옥,
서울 쌀국수를 개발하다

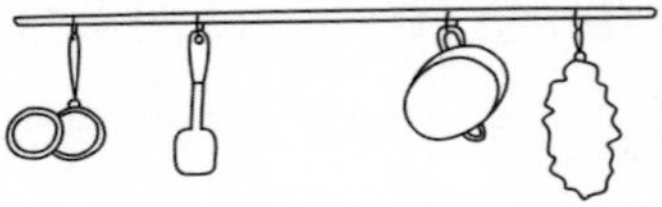

하고 있던 여행 사업인 '트립아이'를 그만두면서 다음 사업을 고민해 보았다. '어떤 사업을 해야 즐겁게 일할 수 있을까?' 즐기는 사람을 이길 자는 없다는 말만 믿고 돈보다 내가 진정 하고 싶은 일을 생각하게 되었다. 평소 요리하는 것과 사람들에게 베푸는 걸 좋아해서 예전부터 하고 싶었던 외식업을 하기로 결심했다. 음식 관련된 사업을 하면 진정으로 내가 즐기면서 할 수 있을 것 같았다.

나는 내가 한 요리로 사람들을 대접하는 것을 스스로 즐기며 뿌듯해 한다. 그래서 맛없게 먹고 있는 친구를 보면 항상 맛있게 먹는 방법을 알려 주기도 한다. 그런데 이러한 행동에는 딱히 대

단한 이유는 없다. 그냥 다 같이 맛있게 먹고 싶기 때문이다. 이왕 이면 같은 음식이라도 맛있게 먹으면 좋으니 말이다.

처음에는 이탈리아의 음식처럼 멋있는 음식을 팔고 싶어서 아무것도 모른 채 내가 좋아하는 동네인 한남동을 무작정 돌아다니며 부동산 시세를 파악하기 시작했다. 보이는 부동산은 다 돌아다니면서 마치 건물을 당장 매입이라도 할 것처럼 사람들을 만나서 깊은 대화를 나누기도 했다. 그들과 이야기를 하면 할수록 치열한 자영업의 현실과 진실을 알게 되면서 많은 생각을 하게 되었다. 먼저 역시 인건비와 월세 같은 고정비가 문제였다. 이 두 개가 커지면 커질수록 내가 과연 즐기면서 일을 할 수 있을까 싶었다. 그 당시 텔레비전 예능 프로그램인 백종원의 〈골목식당〉이 아주 큰 힘이 되었다. 경험과 실력이 없이 섣불리 시장에 나왔다가 처참한 결과를 얻겠다는 생각을 하게 되었다. 소비자들은 누구보다 냉정하고 때론 주인보다 더 똑똑하기 때문에 제대로 된 아이템이나 콘셉트가 없이 낭만과 감성만 갖고 시작했다간 바로 실패할 수 있겠다는 생각이 들었다. 그래서 생각한 첫 번째 아이템이 바로 서울 쌀국수이다. 사실 내가 이 메뉴를 개발할 때에는 이미 쌀국수 돌풍은 지나간 상태였다. 하지만 그것에 묻혀서 비슷한 메뉴로 가고 싶지 않았다. 나이를 불문하고 누구나 든든하게 먹을 수 있는 한국적인 서울 쌀국수가 더 필요하다고 생각했다. 그래서 나는 더욱 서울 쌀국수에 대한 정체성을 확고하게 잡고 가야겠다는 생각을 했다. 하지만 한국인에게 '쌀국수'라고 하면 이미 베트남이 생각날 정도로 쌀국수의 이미지는 베트남이 강하게 박혀 있었다.

'쌀국수는 말 그대로 쌀로 만든 국수인데 왜 꼭 베트남 스타일로만 먹어야 할까?' 그래서 내가 서울 쌀국수 육수 레시피를 개발할 때 가장 신경 썼던 부분이 바로 향신료였다. 베트남 향신료를 전혀 쓰지 않고, 삼계탕에 쓰이는 향신료인 계피나 팔각 같은 우리에게 좀 더 친숙한 향신료로 소고기와 닭의 잡내를 잡았다. 육수는 소고기 양지와 닭 육수 그리고 표고버섯 우린 물을 잘 배합하여 맑고 깊은 육수를 만드는 데 성공했다. 보통 우리가 쌀국수를 먹으러 가면 면 위주로 먹지 그릇을 통째로 잡고 국물까지 마시는 경우는 잘 없다. 그 이유는 국물을 그만큼 좋아하지 않기 때문이다. 우리나라 칼국수나 잔치국수처럼 국물까지 시원하게 마시는 쌀국수를 만들면 잘 되겠다는 생각을 했다. 결국 나는 '밥 말아 먹는 쌀국수' 콘셉트로 서울 쌀국수 전문점을 차렸다. 가게 이름은 미미옥이다. '아름다운 미', '쌀 미', '집 옥'의 한자 뜻을 사용하여 '아름다운 쌀의 풍경'이라는 뜻이다. 우리나라 쌀을 알리면서 맛있는 서울 쌀국수도 먹을 수 있는 공간적 의미이다. 매장 내에서 갓 도정한 쌀도 판매하면서 동시에 서울 쌀국수를 제공하는 플랫폼 역할도 하는 식당이다. 일반 식당과 차별화를 두고 브랜드 가치를 올리는 데 집중했다.

시작은 서울이 아닌 고향 울산에서 18평의 작은 가게로 시작했다. 일단 울산에서 실력을 쌓고 서울로 진출하려는 전략이었다. 처음부터 비싼 임대료의 부담을 느껴 돈을 들이고 싶지 않았다. 아무리 일이 즐겁다고 해도 경제적으로 적자가 지속되면 그것 또한 문제가 되기 때문인 걸 알고 있었다. 아무래도 처음에는 많은 시행착오도 있을 것이며 서울 쌀국수에 대한 손님들 반응도 지켜봐야 했다. 그리고 난 뒤, 서울을 진출해도 늦지 않다고 생각했다. 물론 서울에 쭉 살다가 울산에서 산다는 것은 당장은 지루하고 적응이 필요할 수 있지만 나중에 내가 원하는 것을 얻으려면 어느 정도 양보는 필요하다고 생각했다. 이 선택은 지금 와서 생각해 보면 가장 현명한 판단이었고, 그로 인해 매출보다 자신감을 얻었다.

내가 평소에 좋아하는 스타일로 잘 꾸며 놓은 공간에 사람들이 내 집처럼 드나들며 배불리 먹고 가는 모습을 종종 상상한다. 생각만 해도 입가에 미소가 절로 지어진다. 요식업을 하면서 가장 좋다고 생각한 점은 내 사람들과 보낼 수 있는 시간이 더 편리해진다는 것이다. 굳이 따로 약속을 잡지 않아도 자연스럽게 가게에 와서 밥도 먹고 이야기를 나눌 수 있는 시간을 쉽게 만들 수 있기 때문이다. 그러면 자연스럽게 자주 보게 되서 인간관계도 더 발전할 수 있게 된다. 주변에서는 지금껏 20대 내내 뉴욕과 이탈리아 유학을 다녀와서 갑자기 서울도 아닌 울산에서 쌀국수를 만들어 판다고 하니 많은 사람들이 의아해 하면서 물어보았다. 그냥 내 대답은 언제나 하나였다.

"그냥 좋아하는 일 하고 싶어요."

비싼 유학도 다녀왔으니 보란 듯이 남들이 인정하는 직장을 다녀야 과정에 부합하는 결과인 것일까? 그럼 내 삶을 남들이 결정해 주는 것이 되는 건 아닐까? 유학을 다녀와서 쌀국수 장사를 하면 잘못된 것일까? 오히려 이럴 때는 길게 생각하면 본인 스스로 답을 찾을 수 있다. 유학을 다녀왔기 때문에 혹은 여러 경험을 해 봤기 때문에 내가 어떻게 살아야 행복한 인생을 살 수 있는지 방향을 잡은 것이다. 누구나 보기 좋은 직장과 직업을 원한다.

그리고 우리는 직업의 귀천이 있다고 믿고, 직업을 통해 그 사람을 단적으로 판단한다. 나 역시 사람을 직업이란 색안경을 쓰고 의식하고 싶지 않지만 사회 환경이 쉽게 허락해 주지 않는다. 이런 나에게 이탈리아에서 인생의 가치관을 느끼게 해 준 아주 좋은 사건이 있었다.

내가 이탈리아 유학 시절에 매일 가던 카페가 있었다. 피렌체에서 가장 오래된 카페다. 분위기는 르네상스 시대의 느낌이 물씬 드는 아주 낭만 있는 카페로 주말 아침 일찍 일어나서 카페 테라스에 앉아 책 한 권을 읽으며 따뜻한 카푸치노를 마시는 게 좋았다. 여기를 좋아하는 이유는 분위기보다 역사가 있었기 때문이다. 카페를 들어가면 멋지게 차려입은 60세 할아버지 바리스타가 절도 있게 커피를 내려 준다. 커피 맛 또한 아주 훌륭하다. 어느 날 한번은 내가 주문 한 커피가 평소 3분이면 나오는데 10분째 나오지 않고 있었다. 갑자기 할아버지 바리스타가 오더니 내 주문을 잊고 다른 손님 커피를 계속 만들고 있었다며 미안하다며 금방 만들어 주겠다고 말씀하셨다. 그리고 몇 분 뒤 커피와 함께 내 손등을 잡으면서 말했다.

"내가 이 카페에서 20년을 일했는데 지금 내 나이가 60살이 넘어서 자네 주문을 깜빡했네. 이해해 주시게."

이 말을 듣자마자 60살이라는 나이보다 20년 동안 카페에서 일했다는 말이 놀라웠다. 카페를 20년 운영하는 것도 쉽지 않은 일인데 그 할아버지는 한 카페에서 평생 직장처럼 지금까지 일해 온 것이다. 할아버지가 커피를 내릴 때 모습은 정말 노련미와 장인 정신이 그대로 느껴진다. 내가 본 그들은 정말 그들 소신껏 최대한 행복하게 잘 살아온 것처럼 보였다. 그럴 수 있는 이유는 그들 스스로 자신의 직업에 대해 굉장한 자부심을 갖고 일하기 때문이다.

그들에게 직업은 그저 생계 수단이며 직업에 상관없이 스스로 자신의 삶을 만들어 나간다. 나이 들어서 카페 직원으로써 일한다고 부끄러운 것도 부끄러움 당할 일도 아닌 것이다. 그들은 딱히 일의 욕심을 내지 않고 행복하게 살려고만 노력하는 것처럼 보였다. 자신들의 직업에 대해 전혀 부끄러워하지 않고 자부심을 갖으며 각자의 삶을 살아가려고 한다. 나 역시도 직업에 귀천은 없다고 생각한다. 내가 하는 일이 내 직업이 될 수 있으며 하찮다고 여겨지는 직업도 누군가의 생계를 책임지는 소중한 일이다.

캠핑에서 인생의 결을 느끼다

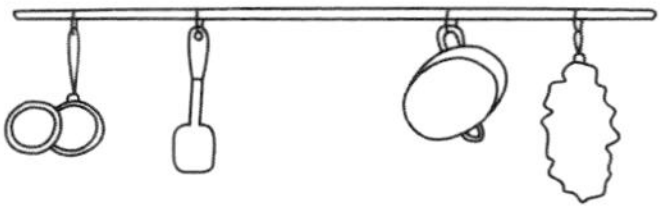

나의 첫 캠핑은 경주 근교인 감포 솔밭공원이었다. 그 당시 캠핑 자체를 처음 접해 봐서 일단 아주 간단한 장비만 가지고 출발했다. 첫 캠핑이라 일단 저렴한 원터치 텐트를 대충 쳐 놓고 의자에 앉아 눈앞에 보이는 바다를 멍하니 바라보았다. 그러다가 조금 지루해지면 책도 읽고 음악도 들으면서 혼자만의 시간을 보냈다. 캠핑을 어떻게 하는지 모르지만 아주 잠시나마 너무 낭만적이고 여유가 느껴졌다. 그리고 자연을 보면서 간단히 먹은 라면이 그렇게 맛있을 수가 없었다. 그날을 잊지 못하고 나는 앞으로 캠핑을 더 적극적으로 해보고 싶다는 생각이 불쑥 들었다. 그리고 집에 돌아와서 유튜브로 캠핑하는 사람들의 영상을 찾아보니 그들이 왜 주말마다 그 많은 짐을 싣고 떠나는지 대충 느낄 수 있었다. 그렇게 내 취미는 캠핑이 되었다.

사람마다 캠핑의 정의는 취향마다 전부 다르고 존중해야 하는 부분이다. 어느 누구 하나가 정답을 가지고 있는 것이 아니다. 개인적으로 나에게 캠핑이란 새빨간 석양을 바라보며 모닥불 앞에 옹기종기 모여서 맛있는 고기도 구워 먹고 술도 한잔 하면서 순수한 동심의 대화로 주파수를 맞추는 아주 의미 있는 시간이다. 오롯이 자연과 내 친구들 그리고 나까지 하나가 되는 기분을 느낀다. 그리고 친구들과 밤새 이야기하면 문득 이런 생각이 절로 든다. '아 이런 걸 두고 행복한 삶이라고 말하는 걸까?'

요즘 다들 살기 힘들다, 사느라 죽겠다고 습관적으로 말한다. 직장 문제가 해결되면 자녀 문제가 생기고 또 하나가 해결하면 돈 문제 그리고 인간관계의 문제까지 나이를 불문하고 다 겪는 스트레스이다. 살아 있는 한 끊임없는 인생의 미션 같은 일이지만 이런 상황을 어떻게 잘 풀고 다시 일어서느냐가 중요해 보인다. 어떤 사람은 복잡한 일이 있을 때 더 열심히 일만 한다던지, 술을 마시거나 혹은 여행을 떠난다. 각자 스트레스를 해소하는 방법이 다 있지만 그게 올바른 해소 방법인지 혹은 정말 스트레스가 풀렸는지 다시 한 번 체크해 볼 필요가 있을 것이다.

나는 캠핑을 떠나기 전에 캠핑 장비를 닦고 준비하면서 느끼는 설렘이 있다. 빨리 나가서 캠핑하고 싶다는 기분이 최고조로 올라가는 듯하다. 캠핑을 가게 되면 지극히 나만의 시간으로 돌아온 것 같아서 온갖 걱정과 스트레스로부터 한발자국 뒤로 물러나 조금 더 이성적으로 생각하게 된다. 이런 기회가 우리의 팍팍한 일상의 평일을 견딜 수 있는 힘이자 에너지가 된다. 누군가는 고작 하루 자려고 그렇게 고생하면서 모든 장비 다 꺼내서 펼치고 다시 정리하는 게 귀찮지 않냐고 묻지만 이것이 캠핑의 한 부분이라 생각하면 전혀 귀찮을 일이 아니다. 오히려 서울에 살면서 이보다 더 귀찮은 일이 많았다. 몸이 편한 서울에서는 늘 생각이 많았고, 고민이 끊이질 않았다. 하지만 자연 속에서 캠핑을 하다 보면 다른 생각을 할 틈이 없이 내 자신이 단순한 사람으로 돌아간다.

캠핑은 나를 단순하게 만드는 매력이 있다. 특별히 계획하지 않아도 좋다. 산이든 바다든 일단 가서 텐트를 치고 앉아 있으면 그저 기분이 좋아진다. 멍하니 해먹에 누워 있거나, 새소리를 듣거나 운이 좋으면 텐트 위에 떨어지는 빗소리도 들을 수 있다. 이러고 몇 시간 동안 자연과 어우러져 있다 보면 도시에서 과부하 상태였던 몸과 마음을 털어 비워 낼 수 있다. 이때 비로소 휴식을 취하게 되는 것이다. 나만의 휴식을 취하는 방법을 찾아내지 못하면 결코 내 인생을 제대로 즐기며 살 수 없다. 왜냐하면 인간은 지친 일상에서 무조건 새로운 에너지가 필요하기 때문이다. 사실 도심에 사는 많은 이들이 캠핑 같은 경험을 하고는 싶지만 단지 귀찮아서 시작을 못하는 경우가 많다. 하지만 막상 따라온 사람들은 너무 좋아하는 것이 바로 캠핑의 매력이다. 다들 자연과 가까이 하고 싶어도 못하고 있기 때문에 우연한 기회로 캠핑을 와서 휴식을 취하고 가면 그 뒤로 캠핑에 대한 매력에 푹 빠진다.

처음에는 혼자 하는 캠핑을 즐겼다. 요즘 말로 '혼캠'을 주로 하면서 혼자 조용하게 자연과 함께 온전한 나만의 시간을 갖으며 요리도 해먹고 힐링도 했다. 그동안 미뤄둔 책도 읽고 아무 생각 없이 노래도 들을 수 있어서 너무 좋았다. 그리고 시간이 지나면서 조금씩 캠핑의 완성도에 욕심이 생겼다. 처음에는 SUV 차량으로 아주 간단한 캠핑 장비로 시작했다가 지금은 무려 캠핑 트레일러까지 장만했다. 캠핑을 하다 보니 누군가와 이런 캠핑라이프를 공유하고 싶다는 생각이 들었다. 그래서 간단하게 유튜브 촬영을 시작하면서 영상을 통해 캠핑의 매력을 주위 사람들에게 알리기 시작했다. 유튜브 채널 이름 또한 '캠핑맨'으로 아주 마음에 드는 것으로 지을 수 있었다.

영상의 조회 수보다 주변 사람들의 뜨거운 반응이 나에게 더 큰 응원이 되었다. 의외로 다들 캠핑에 대한 로망이 있었다. 아무래도 일상생활에 지쳐 잠시나마 자연이 주는 여유를 즐기고 싶어 하는지도 모른다.

이제는 '캠핑맨' 멤버를 모아서 주기적으로 다니고 있다. 혼자도 물론 좋지만 역시 마음 맞는 사람들과 맛있는 요리 먹으면서 인생 이야기 나누는 게 더 소중하다고 느꼈다. 캠핑 트레일러까지 생기다 보니 취미의 깊이가 상상 이상으로 깊어지면서 캠핑 라이프가 인생의 한 부분으로 차지하게 되었다. 친구들과 함께 하는 캠핑은 바쁜 일상 속에서 잠시나마 휴식의 시간을 보내게 해 주었다. 낮에는 맑은 공기 마시며 경치를 즐겼고, 밤에는 쏟아지는 별을 보면서 심도 있는 대화도 나누면서 각자 마음을 다스리게 되었다. 누구나 좋아할 수밖에 없는 캠핑의 매력이다. 물론 준비하고 정리하는 과정이 귀찮다고 생각할 수도 있지만 사실 캠핑의 맛을 느끼게 되면 전혀 귀찮거나 어렵지 않다. 오히려 트레일러가 있다 보니 일단 가장 번거로운 텐트 셋팅 과정이 확 줄어들었고, 무엇보다 튼튼하고 안전해서 좋다. 게다가 주방 시설과 수납이 좋아지면서 할 수 있는 요리가 매우 다양해져서 캠핑 요리의 완성도가 매우 높아져 같이 가는 사람들도 만족해 하고 있다.

캠핑의 감성을 이해하지 못한다면 앞으로 나의 모든 행동이 이해 못할 부분이 한둘이 아닐 것이다. 사실 캠핑은 나와서 작은 집을 짓고 다시 부수는 어른들의 감성 있는 소꿉장난이라고 생각해도 된다. 그래서 어설프게 하면 춥거나 불편해지기 때문에 대단한 부지런함이 필요한 고급 취미이다.

보통 캠핑을 가면 할 게 없을 것 같지만 막상 가면 정말 일거리의 연속이다. 누군가는 막노동이라고 표현하기도 한다. 텐트를 치고 준비된 것들을 차려 놓고 음식하고 다시 설거지를 하고 불피우는 일 등 할 일이 태산이다. 그래서 캠핑하면 요리가 절대 빠질 수 없다. 거의 먹으러 간다고 해도 부족하지 않다. 나는 요리를 좋아하기 때문에 캠핑을 가서 요리할 때가 가장 행복하다. 실내에서 할 수 없는 것들을 마음 놓고 할 수 있어서 더욱 재미있다.

소고기 부위 중 기름기가 적은 엉덩이 부위를 덩어리로 사서, 다양한 향신료와 파우더로 양념을 바르고 호일에 싼다. 그리고 장작 불덩이에 던져 놓고 4~5시간 뒤에 꺼내서 호일을 벗기면 아주 먹음직스럽게 익은 고기가 완성된다. 그럼 그 고기를 잘 찢어 스테이크 소스에 찍어 먹거나 핫도그 빵에 케첩과 머스터드 소스 그리고 간단한 야채만 넣어서 먹으면 정말 완벽한 캠핑 요리가 된다. 한강에서 먹는 라면이 제일 맛있듯이 사실 밖에서 땀 흘리고 먹으면 뭐든 맛있다. 겨울에 캠핑을 하면 오히려 할 수 있는 재미난 요리들이 아주 많다. 클램챠우더스프, 어니언스프, 숯불오리백숙, 통돼지바베큐 그리고 어묵탕 등 추운 날씨에 떨면서 먹으면 잊을 수 없는 요리가 될 것이다. 고구마나 옥수수에 마가린을 잔뜩 발라 호일에 감싸서 불 속에 던져 놓고, 이야기하다 보면 어느새 김이 모락모락 올라온다. 이때 껍질을 벗겨 먹으면 평생 잊을 수 없는 캠핑의 밤이 될 것이다.

캠핑은 인생을 집약해서 보여 주는 집약체와 같다. 캠핑을 하다 보면 무조건 예상치 못한 변수가 발생할 뿐더러 즉시 해결해야 하는 상황이 많은데, 이것이 우리의 인생살이와 비슷하다. 인생이 우리가 계획한 대로 일어난다면 얼마나 좋겠는가. 그래서 캠핑을 갈때는 편하게 지내다 올 생각보다 재미있는 변수를 예상하고 출발하는 것이다. 인생도 마찬가지로 당장 내일을 알 수 없고 예측할 수 없기 때문에 재미있다. 한 겨울에 굳이 밖에서 먹고 자면서 조끼에 패딩까지 싸매고 침낭에 누워 콧속까지 들어오는 차가운 공기를 느끼면서도 캠핑을 하는 이유는 이러한 경험들이 바로 내 삶을 다채로운 인생 스토리로 가득 채울 것이라는 걸 알기 때문이다. 어려움과 힘든 일들이 가득하더라도 좋은 사람들과 함께 가슴 찡하고 숨이 멎을 만큼 아름다운 광경을 보면 이것만으로도 의미 있는 시간이 된다. 이런 이유들 때문에 내가 캠핑을 하며 인생의 결을 느끼며 살고 있다.

건강한 삶이 주는 의미

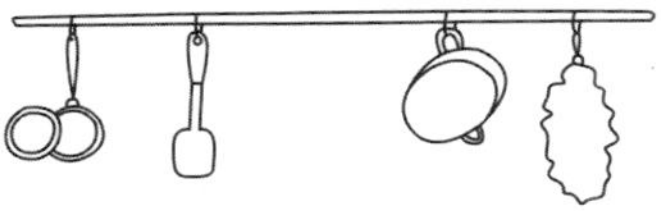

'건강이 최고다'라는 말은 살면서 가장 많이 듣는 말 중에 하나일 것이다. 나도 이제 이런 말을 들으면 많은 생각이 든다. 건강이 최고라는 것을 이제는 뼈저리게 느끼기 때문이다. 어릴 땐 어려서 몰랐고, 한창 건강할 땐 건강하니까 별 생각 없었다. 하지만 아픔의 고통을 한번 느껴본 사람은 건강이 그 무엇보다 중요하다는 것을 알 수 있다. 또한 나 혼자 건강해도 의미가 없다. 나를 사랑해 주고 내가 사랑하는 사람들도 다 같이 건강해서 모두가 건강하게 오래 잘 살아야 한다. 하지만 인간은 생각보다 현명하지 못해서 먼 미래보다 눈앞에 놓인 것을 가장 먼저 생각한다고 한다. 그래서 건강할 때 건강을 지키는 것이 매우 어렵다. 왜냐하면 건강을 지킬 동기부여를 좀처럼 느끼기 힘들기 때문이다. 즉, 아픔이 없으니 건강을 지금 챙겨야 할 필요성을 못 느끼는 것이다. 조금 더 멀리 내다보고 현명해질 필요가 있다. 세계보건기구에서 건강에 대해 정의를 이렇게 내렸다.

'건강이란 육체적, 정신적, 영적 및 사회적으로 완전히 행복한 역동적 상태이며, 단순히 질병이나 병약함이 없음을 뜻하는 것이 아니다.'

나는 이 글을 읽고 '과연 몇 명이나 저 사전적 정의에 공감할 수 있을까?'라는 생각이 들었다. 사전적 의미로 건강을 다가가기보다는 조금 더 현실적으로 다가가야 몸으로 직접 느끼고 실천할 수 있다. '그렇다면 어떻게 사는 것이 잘 먹고 잘 사는 걸까?' 마음의 병 없이 사는 것이 잘 먹고 잘 사는 것이다. 팔다리가 부러지는 것보다 보이지 않는 마음의 병이 더 아픈 법이다. 겪어 본 사람들은 공감할 것이다. 사람들은 일반적으로 속마음을 잘 드러내지 않는다. 오히려 숨기는 것에 익숙해서 힘든 일이 있어도 혼자서 최대한 극복해 보려고 한다. 물론 잘 극복할 수도 있지만 마음처럼 쉽지 않을 수 있다.

'힐링'이라는 말은 내가 어릴 때만 해도 듣기 어려운 말이었다. 하지만 지금은 소확행, 워라벨, 웰빙 등과 같은 말이 생길 정도로 사람들이 세월이 흐르면서 마음의 병을 가장 생각 많이 하고 그

것에 대해 예방하고 치료하려고 한다. 주변을 자세히 들여다보면 직접적으로 말하지는 않지만 마음의 병이 있는 사람들이 꽤 많다. 누구나 마음에 있는 모든 심정을 다 털어놓지는 않는다. 괜히 내가 약해 보이는 게 싫거나, 상대방이 필요 이상으로 걱정하는 것이 부담스럽기 때문이다. 그래서 보통 우리는 답답한 일이 있으면 친한 친구와 함께 시원한 맥주를 벌컥벌컥 들이키거나 독한 소주를 한입에 털어 넣는다. 당장 해결책을 듣자고 만나는 것이 아니라 그냥 하소연이라도 하면 속이 풀리기 때문이다.

우리의 감정들은 강력한 에너지 덩어리와 같다. 그리고 우리 몸과 마음을 통해 안팎을 흘러 다닌다. 이 흐름과 소통이 잘 이루어질 때 우리 몸과 마음이 건강함을 느낄 수 있다. 사회생활을 하다 보면 여러 갈래로 꼬여 잘잘못을 따지기도 하는 등 어려운 상황이 온다. 사회의 모순적인 구조, 경제적 어려움, 가정의 불화 등 이리저리 치여 무력감을 느낄 때가 많다. 언젠간 나아지겠지라는 막연한 희망으로 우리는 하루하루를 버티는 것처럼 살아가고 있는 것이다. 하지만 반대로 생각하면 이런 역동적인 흐름이 없다면 인생은 오히려 지루하고 무료할 것이다. 알 수 없기 때문에 재밌는 게 인생이라 하지 않는가. 그렇다면 이런 감정과 화는 남녀노소 누구나 갖는다고 한다면 잘 해소하는 것이 매우 중요하다. 해소하지 못하고 참고, 삭이고, 누르고, 안으로 자꾸 삼키면 마음의 병이 몸으로 옮아 화병 증상으로 나타나는 것이다. 화병은 병원에서도 뾰족한 치료가 없다. 그저 '이상 없습니다', '스트레스성입니다'라는 대답만 들을 것이다. 결국 원인은 자신의 깊숙한 마음에서 시작된 문제이니 마음으로 풀어야 한다. 사실 '화'라는 덩어리 속에는 서러움, 외로움, 억울함, 상실감, 피곤함, 자괴감 등 아주 다양한 감정이 복잡하게 얽혀 있다. 이 모든 원인은 마음에 여유가 없거나 아직 그 여유를 스스로 만들어 낼 줄을 모르기 때문이다. 능력이 없어서가 아니라 방법을 몰라서다. 나도 차마 되돌리고 싶지 않고 그냥 묻어두고 싶은 이야기들을 하나씩 꺼내 놓고 나누고 함께 감정을 공유할 때 그 순간 굳어 있던 감정 에너지가 조금씩 녹기 시작한다. 사실상 내 스스로도 힘겨워 피하고 있던 감정을 이해해 줄지도 모르는 다른 누군가에게 이야기한다는 것은 결코 쉽지 않은 일이다. 하지만 언젠간 한번 용기를 내서 속마음을 털어놓는다면 진정으로 다시 한 번 감정을 다스릴 수 있을 것이다.

이제는 모두가 건강에 혈안이 되어 있는 시대가 왔다. 건강을 위해서라면 뭐든 찾아나서는 사람들이 늘어나고 있다. 선진국으로 갈수록 국민들이 건강에 생각하는 깊이가 다르듯이 우리나라도 점점 이런 면에서 선진국으로 가고 있는 것 같다. 건강 식품 관련한 사업도 점점 늘어나고 있으며 운동을 하는 사람들도 많이 보인다. 흡연자에 대한 시선도 따가워졌다. 아직도 담배를 태우는 것에 대해 그 사람의 생활 패턴을 판단하는 문화가 온 것이다.

질병에 나이가 무슨 소용있을까. 안타깝게도 너무 이른 나이에 쓰러지는 경우가 점점 많아지고 있다. 20대의 무지했던 생활패턴과 30대의 혹독한 직장생활이 쌓여 40대에 고스란히 암이라는 결과를 얻게 된다. 이제는 생활 습관이 인생을 바꿔버리는 시대이다. 건강할 때 건강을 지키지 않으면 돌이킬 수 없다. 매사에 항상 자신의 건강에 대해 겸손하고 감사하면서 그렇다고 너무 건강에 대해 집착하지 않는 여유로운 건강 가치관이 필요하다. 이렇게 건강에 대해 글을 쓰고 나니 '마음의 건강을 잘 돌보며 사는 게 오늘날 모두에게 참 중요한 일이 되어 버렸구나'라는 생각이 절로 든다. 모두들 건강하고 즐겁게 살아나가길 바란다.

실질적인 부의 가치를 아는 진짜 부자가 되다

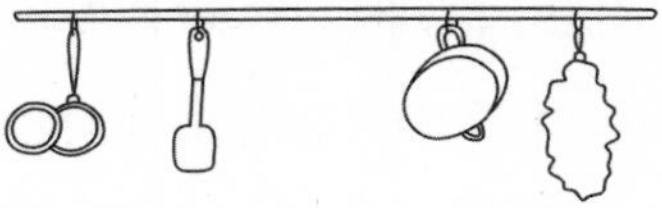

부자를 꿈꾸지 않는 사람이 있을까? 삶이 빡빡하고 암울하다고 생각하는 사람들에겐 더더욱 삶의 목표가 돈 많은 부자일 것이다. 화려하고 남들이 부러워할 그런 부자의 삶 말이다. 하지만 언제나 현실과 이상이 공존하는 법이다. '과연 우리도 남들이 부러워할 그런 부자가 될 수 있을까?' 솔직히 불가능하다고 말하진 않지만 매우 힘들다는 것조차 우리는 알고 있다. 너무 부정적으로만 생각하는 것이라고 말할 수 있겠지만 주변을 둘러봐도 느낄 수 있다. 대학교 때는 학자금 대출을 갚아야 하는 친구들이 절반이었고, 20대 중반에는 회사 다니랴 연애하랴 이월된 카드 결제일 맞추기 바쁘다. 그리고 결혼할 나이가 되면 신혼집 마련에 인생 최고의 재정난이 일어난다. 결혼의 행복함도 잠시 아이들 키우랴, 부모님 용돈을 드리느라 부자는 고사하고 재정난의 악순환에 쪼들려 살 수 밖에 없다. 우리는 언제나 여유 있고 부유한 삶을 꿈꾸지만 현실은 상당히 어려운 조건의 연속이다. 부모님 시대 때와 지금은 돈을 벌 수 있는 사회 흐름과 분위기가 너무 다르다. 아니 그러면 부자는 평생 그림의 떡이란 말인가? 절대 그렇지 않다. 이 철학자의 책을 읽고 가슴 깊이 이해한다면 우리도 쉽게 부자가 될 수 있다.

칼 마르크스는 자본주의와 부에 대해 누구보다 깊게 사유했던 인물이며, 부자에 대해 남다르게 재해석했다. 그는 부자를 '경제적인 부'와 '실질적인 부'로 나누었다. 먼저 경제적인 부는 '처분 가능한 경제적인 자원의 양'이라고 말한다. 즉, 내가 소유하고 있는 부동산이나 차를 당장 팔아서 현금화를 시킬 수 있는 재산을 말하는 것이다. 우리가 흔히 여기는 일반적인 부자의 정의라고 할 수 있다. 그리고 아주 재미있는 '실질적 부'에 대해 설명한다. 마르크스가 말하는 실질적인 부는 '필요한 노동시간 이외에 가처분 시간'을 말한다. 여기서 필요한 노동시간이란 우리가 먹고 살기 위해 순전히 돈을 버는 노동의 시간을 말하는데, 우리가 돈을 버는 데 얼마나 많은 시간을 투자하는지 그리고 그 이외 시간을 얼마나 자기 마음대로 사용할 수 있는지 가처분 시간의 양이 '실질적인 부'의 기준이라고 말한다. 아주 흥미로운 부자의 재해석

접근이다. 즉 다시 말해 돈을 가진 부자와 시간을 적절하게 쓸 수 있는 부자로 나눠지는 것이다. 사실 마르크스의 부의 두 가지 이론을 이해하고 받아들인다면 일반적으로 생각하고 있는 부자들이 갑자기 가난한 사람이 되어 버리고, 가난한 사람이라고 여긴 사람들이 부자가 되어 버린다. 그러나 이렇게 들어서는 바로 납득하기 힘들지만 한번 이렇게 가정해 보자. 대기업 임원인 정씨와 외국계 기업에 다니는 김씨가 있다고 설정해 보자.

정씨는 일반 회사원과 비교했을 때 엄청난 연봉을 받으며 하루에 12시간 넘게 하루에 일 관련 업무와 그 외 미팅과 술자리가 있어서 일주일에 4번 이상은 과음을 한다. 주말에도 가족들과 시간은 고사하고 업체들과 통화하느라 가족들과 보내는 시간은 점점 줄어들고 있다. 옛 친구들과도 만나도 일 걱정과 하소연을 습관적으로 늘어놓는다. 가끔 일이 계획대로 풀리지 않을 때면 극도의 스트레스로 예민해져서 삶이 불안하다. 하지만 연말 정산을 하면서 점점 올라간 연봉을 보면 이 모든 고생이 잊힐 만큼 뿌듯하다고 한다. 반면, 김씨는 평범한 외국계 회사에서 나름 인정을 받으며 모범적인 회사 생활을 하고 있다. 하지만 반복적인 일상에 지친 그는 과감히 회사를 그만두고 사랑하는 부인과 함께 세계일주를 떠났다. 그리고 자신의 경험을 담은 에세이 책도 쓰고, 부인은 자신의 재능을 살려 돈도 벌었다. 물론 김씨는 정씨만큼 많은 돈은 벌지 못하지만 자신이 일하고 싶을 때 일하면서 평일에도 부인과 함께 언제든 여행을 갈 수 있을 정도로 자유롭게 살고 있다.

사람들은 이 둘 중에 누가 더 부유하다고 생각할까? 대부분 높은 연봉을 받고 있는 대기업 임원 정씨라고 생각할 것이다. 왜냐면 일단 경제적으로 돈이 많기 때문이다. 깊게 생각할 필요가 없다. 여기서 말하는 부의 기준은 높은 연봉과 직책이다. 하지만 어디까지나 '경제적인 부'의 관점으로 보았을 때의 이야기다.

철학자 마르크스가 말한 '실질적 부'의 관점에서 재해석하면 어떻게 될까. 하루 종일 직장에 매여 한 치의 여유도 없이 업무 전화를 받고 주말에도 마음 편히 있는 시간이 없다. 자신이 마음대로 사용할 수 있는 가처분 시간이 없다는 건 오히려 돈 많은 가난한 사람이 될 수도 있다. 신기하게도 관점이 바뀌니 그는 가난하기 짝이 없는 사람으로 바뀔 수 있다.

반면, 김씨는 한 번 뿐인 인생을 좀 더 자유롭게 살아보고자 안정적인 회사를 그만두고 사랑하는 부인과 함께 세계여행을 떠났다. 비록 수입은 불규칙하지만 그래도 생계를 꾸려가는 데 큰 문제는 없다. 게다가 자유롭게 자신을 위해 시간 활용도 하고 여행도 다니면서 이것저것 많이 보러 다닌다. 생계를 유지할 정도의 돈을 버는 일정을 제외한 이외에 시간들은 전부 김씨 마음대로 쓸 수 있다. 김씨는 '경제적인 부자'는 아닐지 몰라도 분명히 '실질적인 부자'는 될 수 있다. 마르크스가 살아 있다면 김씨를 사람들에게 대단한 부자로 소개할 것이다.

자, 그렇다면 곰곰이 다시 생각해 보자. '우리는 왜 부자가 되려고 할까? 보통 우리는 이렇게 생각한다. '일단 돈은 많이 벌어 놓고 보자. 행복은 나중에 찾더라도 돈부터 벌자.'

무작정 돈부터 벌기 위해 돈을 쫓게 되면 오히려 돈은 달아나는 법이다. 돈은 수단일 뿐 목적이 되어서는 안 된다. 목적은 행복하게 보내는 시간이 되어야 하며 그 목적을 달성하기 위해 돈이 필요한 것이다. 돈이 무조건 최고라고 말하는 사람들에겐 이런 논리가 말장난이라고 여길지 모르겠지만 다시 한번 곰곰이 생각해 볼 필요가 있다. 보통 돈과 시간이 주객이 전도된 채로 사는 사람들이 많다. 그러면 돈을 왜 버는지 근본적인 이유조차 모르면서 그저 돈을 벌어야 한다는 강박 때문에 애를 쓴다. 스스로 생각해도 불안한 미래를 위로 하기 위해 현재의 소중한 시간을 모조리 돈을 버는 데 헌납하고 있을 수도 있다. 그렇게 우리는 '경제적인 부자'가 되고자 애를 쓰느라 '실질적 부자'를 낭비하면서 실질적으로 가난한 사람이 되어 가고 있는지도 모른다.

내가 생각하는 진짜 부자가 되야 하는 이유는 적절한 의무적인 노동시간을 가지고, 내가 원하는 곳에서 원하는 만큼의 시간을 자유롭게 사용하기 위해서라고 생각한다. '실질적 부자'가 되기 위해 진짜 부자가 되고 싶은 것이다. 우리에게 중요한 것은 돈, 그 자체를 원하는 것이 아니라 바로 돈으로 행복한 시간을 만드는 마음이다.

나는 정씨처럼 일에 치여서 정신적으로 스트레스 받고 여유 없는 100억 원을 가진 사람이 되고 싶지 않다. 그보다 삶의 여유가 있는 10억 원을 가진 사람이 되고 싶다. 이유는 간단하다. 100억 원 어치의 정신적인 스트레스와 압박을 받아야 하기 때문이다. 차라리 돈을 조금 덜 벌더라도 즐기면서 살고 싶다. 정신없고 바쁘기 때문에 건강한 삶과는 반대로 갈 수밖에 없다. 돈과 마음의 여유는 반비례하다는 것이다. 돈이 많을수록 몸이 편해 보이겠지만 속은 불안하기 짝이 없을 것이다. 고로 나는 위험하고 불안한 큰돈을 버는 것보다, 작은 일을 하더라도 마음 편히 일하며 살고 싶다.

결혼은 사람을 성숙하게 만든다

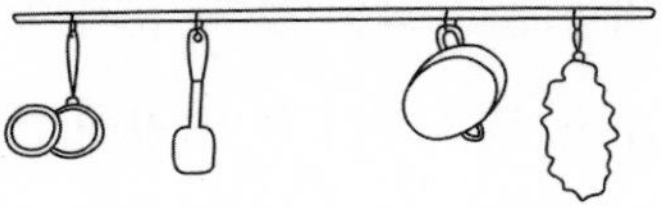

한국인만큼 태어나서 수많은 학습과 지식을 습득하는 나라도 드물 것이다. 하지만 정작 살아가는 데 꼭 필요한 지식은 배운 기억이 없다. 이를테면, 사랑을 하는 법, 부모님에게 효도하며 사는 법, 휴식을 취하는 방법, 그리고 직장 동료와 현명하게 지내는 사회성 등이다. 이런 것이야 말로 우리가 인생을 살아가면서 진짜 어려워하는 부분이며, 동시에 큰 행복을 가져다주지만 정작 가장 잘 모르는 부분이다. 학교에서도 배운 적 없고 그렇다고 인생을 살아가면서 자연스럽게 터득하는 부분이라고 말하기엔 우리가 살고 있는 사회에는 그다지 낭만이 있는 것 같지 않다.

한 살씩 나이를 먹을수록 고민과 걱정이 조금씩 달라진다. 20

대 초중반에는 그저 진로와 돈 걱정을 했다면 30대가 되니 나의 행복한 인생을 살려면 어떻게 살아야 할까라는 감성적이고 추상적인 궁금증으로 바뀐다. 인생을 더 길고 넓게 보고 있기 때문이다. 특히나 요즘 '워라벨'이라는 새로운 단어가 생기면서 많은 젊은이들에게 다양한 삶의 패턴을 가르치고 있다. 한국 사회에서나 이슈가 되는 단어가 아닐까 싶지만, 이미 유럽이나 미주에 살고 있는 20~30대 친구들은 자신만의 삶의 밸런스를 잘 맞추며 살고 있다.

요즘 내 나이에 가장 큰 숙제이자 난관이라고도 표현하는 것은 바로 '결혼'이다. 천생연분처럼 잘 사귀다가 결혼에 성공하는 친구들이 있는 반면, 매번 첫 눈에 반하고 실망하고 헤어지는 남녀의 지독한 사랑을 돌림노래처럼 반복하는 친구들도 꽤나 많다. 참 신기하게도 결혼을 못 할 것 같다고 생각한 친구들이 대체적으로 빨리 결혼을 하는 모습을 보면 그저 인생에 대해 다시 생각하게 된다. 그런데 이상하게도 결혼한 이후에도 그들이 행복한지에 대해서는 잊고 지내는 것 같다. 마치 결혼했으니 해피엔딩으로 끝난 영화처럼 말이다.

내 기준의 연애나 결혼은 지극히 주관적이며 결과론적이다. 남들이 생각할 때 바람직하지 않은 연애를 하더라도 서로가 좋아서 결혼해서 잘 살면 결과적으론 행복한 인생이 된다. 이렇듯 결과가 좋으면 그 과정이 비록 남들과 다르다 할지라도 좋게 인정받게 된다. 역시 정답이 없기 때문에 어렵다. 그래서 나는 요즘 외국 작가들이 쓴 사랑과 연애에 대한 소설 에세이를 많이 읽으려고 한다. 인간과 인간의 관계에는 정답이 없다고 하지만 책을 통해 다른 사람들의 생각을 엿볼 수 있기 때문이다.

최근에 고개를 끄덕이며 보고 있는 작가는 알랭 드 보통이다. 세계적인 작가에게 결혼은 어떤 의미인지 궁금했고 내가 평소 갖는 결혼에 대한 생각과 어떤 차이가 있는지 알고 싶었다. 이 작가의 책들을 시리즈처럼 읽고 있는데 몇 년 전에 읽을 때와 서른이 넘은 지금에서 읽고 느낀 점이 사뭇 다르다. 그때는 사랑에 대한 이상적인 낭만이 보였다면 지금은 읽으면서 현실적인 사랑에 대해 더 공감하게 된다. 어쨌든 둘 다 열정적인 사랑임은 확실하다. 알랭 드 보통은 낭만적이고 로맨틱한 사랑 예찬론자로 유명한 작가이지만 어느 책에서는 잔인할 정도로 현실적으로 섬세하게 표현하기도 한다. 대표적으로 《낭만적 연애와 그 후의 일상》은 나에게 큰 가르침을 준 책이다. 이 책에서 만큼은 로맨티스트 작가의 모습보다 연애와 결혼에 대해 지극히 현실적으로 표현하는 모습을 보여 준다. 특히 이 책에서는 연애보다 결혼에 대한 섬세한 이야기를 한다. 결론부터 말하자면 누구든 애초에 결혼에 대한 지나친 환상을 갖고 있고, 서로에 대해 너무 큰 기대를 갖고 있었다는 것이다. 알랭 드 보통 또한 열정적인 사랑 끝에 결혼해서 두 아이의 아빠가 되면서, '아이들이 태어 났을 때 매우 행복했지만,

그 후 아이들 때문에 잠을 잘 수 없어 조금 덜 행복했다'고 할 만큼 육아의 어려움 표현했다.

이 책에서 결혼에 대한 재미난 해석과 분석을 많이 하는데 아직 경험해 보지 못해 크게 공감은 못하지만 맞는 말처럼 들린다. 낭만과 사랑만으로 연애해서 힘들게 결혼했는데 결혼은 연애의 100배 더 힘들다는 말이 결론적이다. 작가가 말하길, 결혼은 사랑의 종착점이 아니라 18세기 이후 어느 정도 경제적인 여유가 있는 경제 계급인 흔히 '부르주아'가 정서적 욕구와 현실적 한계 사이에서 적절한 균형점을 찾기 위해 '영원을 서약한 단 한 사람에게 합법적으로 투자하여, 그로부터 최대의 성과를 거두고자 갈망하기'라는 글귀가 있다. 결론은 사람은 안정감이 필요하다는 말로 들린다. 성공한 사업가이지만 가정이 없다면 일하는 이외의 모습은 다소 쓸쓸하게 비춰질 수 있다고 생각이 든다.

사랑도 능력이자 곧 기술이라고 생각한다. 능력이나 기술은 개발하고 다듬어야 비로소 뛰어난 효과를 발휘한다. 사랑에도 우리가 수능을 준비할 때처럼 그런 마음가짐이 필요하다. 그래야 결혼까지 순탄하게 진입할 수 있다. 노력해서 서로 좋은 방향으로 바라볼 수 있어야 하고, 상대방을 기쁘게 해 주기 위해 노력해야 한다. 프랑스의 어느 한 작가의 말을 빌리자면, '사랑한다는 것, 그것은 모든 감각을 동원해서 사랑스러운 대상을 보는 기쁨, 만지는 기쁨, 느끼는 기쁨을 가능한 최대한 얻어 내는 것'이라고 말한다. 사랑에 기초한 결혼 생활은 마치 인생의 마지막 도전과도 같다. 사람 마음이 수시로 변하는 감정에 내 결혼 생활을 통째로 맡기는 것이 얼마나 위태로운가. 그래도 나는 비혼주의자나 독신주의는 아니다. 그렇다고 거대한 홍수에 나무토막이 쓸려내려가듯이 하는 결혼은 더더욱 하고 싶지 않다. 다시 말해, 결혼을 해야 된다는 것도 없고, 안 해야 된다는 것도 없다. 어디까지나 나의 선택이며 정해진 답이 없다는 것이다. 하지만 개인적으로 나는 결혼은 인생을 살아가는 데 필요한 부분이라고 생각한다. 든든한 내 편이 있다는 정서적 안정감이 가장 중요하다고 생각하기 때문이다. 물론 어렵고 힘든 부분도 있겠지만 반대로 좋은 점 또한 아주 많다. 결혼이란 단어는 굉장히 많은 생각을 하게 만들지만 나는 결혼을 복잡하게 생각하고 싶지 않다. 그냥 서로가 사랑해서 행복하게 함께 살아가는 것이 결혼의 가장 기본이라고 생각한다. 사실 말은 누구나 이렇게 하지만 말처럼 쉽지 않은 것 또한 잘 알고 있다. 그래서 나는 뭐든지 최대한 근본적인 의미와 가까워지려고 노력한다. 언젠간 나도 결혼을 하게 될 수도 있을 것이다. 홍수 위 나무토막처럼 쓸려내려가듯 하는 결혼이 아닌 무엇보다 라이프스타일이 잘 맞아 함께 재미있게 살 수 있는 사람과 결혼하길 꿈꿔 본다. 캠핑도 함께 즐기면서 둘도 없는 친구 같은 동반자가 있으면 좋겠다.

돈 많이 버는 아들보다 책 쓰는 아들이 되고 싶다

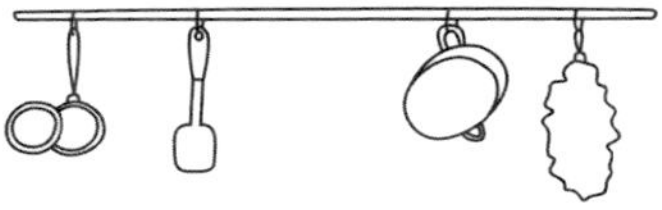

부모님에게 자랑스러운 아들이 되고 싶었다. 죽음의 문턱에서 살 수 있었던 이유는 나의 노력보다는 부모님의 희생이 있었기에 가능했다. 그래서 꼭 부모님께 은혜를 갚으며 살아야겠다고 생각했다. 그런데 그저 고민만 하다 보니 지금까지 아무것도 못 해드리고 시간만 흘려보낸 것 같다. 남들처럼 보란 듯이 보기 좋은 직장에 취업한 것도 아니고, 내 사업이 크게 성공해서 현금 가방을 가져다 드린 것도 아니다. 혹시 안 아프고 지금처럼 건강하게 살아만 있는 것이 진짜 효도일까 하며 다양한 생각을 해보고 노력도 해 보았다.

사실 나는 대기업 문턱까지 갔지만 내가 뿌리치고 나온 경험이 있다. 그때 만약 내가 대기업에 다녔다면 부모님은 아마 좋아하셨을 것 같긴 했다. 누구나 가고 싶어 하는 광고 회사였는데 나는 그 당시 광고 관련한 일을 하고 싶었지만 회사의 조직 문화가 나를 다시 아프게 할 것 같아서 조금 두려웠다. 내 성격상 조직 생활에서 싫어도 좋다고 참고 하는 성격인지라 책임감과 사명감이 나를 또 아프게 할 것 같았기 때문이다. 물론 막상 회사에 들어가면 운동부 시절을 떠올리며 잘 적응할 자신은 누구보다 강했지만 그냥 전반적인 걱정이 먼저 들었다. 시간이 지나고 나니 그래도 입사라도 해서 이력에 한 줄이라도 남기는 게 좋았나?라는 후회도 조금 해 보았다. 하지만 난 내가 꿈꾸는 인생이 있었고 그 인생을 부모님도 응원해 주시리라 믿었다.

대기업 입사를 자신 있게 뿌리쳤으니 이왕에 시작한 투어가이드 사업이 잘 되어야만 했다. 어린 나이에 큰돈을 벌어서 현금을 부모님에게 가져다 드리고 싶었다. 내 주변에는 유독 IT 관련 스타트업 대표들이 많았다. 물론 30대 후반 정도의 대한민국에서 내놓으라는 인재라고 해도 부족하지 않을 그런 사람들이었다. 회사 가치가 몇 백억씩되면서 어마어마한 재력가의 길을 가고 있었다. 내가 그들처럼 되고 싶었던 이유는 돈보다 그런 상황이 부러웠다. 성공한 부모님보다 아들이 더 성공한 모습이 부러웠던 것이다.

어느 한 마을에
효성이 깊은 아들 둘을 둔 어머니가 있었다.
큰아들은 그 마을에서 가장 부자였고
작은아들은 형편이 좋지 않았다. 하지만 어머니는
큰아들의 풍족한 호강에도 불구하고 늘 작은아들
집에 머무르는 일이 많았다. 그래서 큰아들은
어머니께 그 이유를 물어보았다.
그 물음에 어머니는 대답해 주었다.
"물론 좋은 음식, 좋은 옷을 입는 것은 좋지.
하지만 네 동생 집엔 그것보다 더 좋은 것이 있단다.
바로 매일 저녁 식사가 끝나면 내 방으로 와서
이 늙은 어미의 손과 다리를 주물러 주며 말동무가
되어 주거든."

- 《따뜻한 하루》 이야기 중 -

매일 아침마다 모바일 메신저로 좋은 글귀나 명언을 보내 주는 서비스가 있는데 참 많은 이야기들이 있었지만 가장 나를 울컥하게 만든 따뜻한 이야기 중 하나다. 역시 나 또한 돈을 많이 버는 것이 효도인 줄 알았다. 차를 한 대 선물하면 자랑스러운 아들이 되는 줄 알았다. 그래서 그런 능력이 생길 때까지 미루고 미뤘다. 그런데 그렇게 계속 미루기만 하다 보니 문득 든 생각이 나를 더

욱 슬프게 했다. '정작 효도를 하려고 뒤를 돌아봤을 때 부모님이 내 곁에 없으면 어떡하지?'

효도는 우리가 생각하는 것처럼 거창하지 않다. 실제로 부모들이 바라는 '효'와 자녀들이 생각하는 '효'는 분명 차이가 있을 것이다. 내가 생각하는 효도는 의외로 매우 단순하다. 부담스럽지 않은 동네 식당에서 자주 식사하면서 일상 대화 나누기이다. 쉬운 것 같지만 은근히 어려운 시간이다. 평소에 부모님과 밥 먹으며 시시콜콜한 인생 이야기를 나누는 것이 시간이 지나고 나면 추억이 될 것이다.

30대가 넘어가면서 효도의 근본적인 방법에 대해 생각하게 된다. 부모님이 '원하는 대로 살아드리는 게' 효도가 아니라, 내가 원하는 삶을 개척하면서 진정으로 행복한 모습을 보여 드리는 게 진짜 사랑 아래 효도가 되는 것이다. 부모님이 원하는 대학에 가고, 직장에 입사하고, 부모님이 원하는 사람과 결혼해서도 진심으로 마음 놓고 웃는 모습 한번 보여줄 수 없다면, 그건 단지 나의 길이 아닌 부모님을 위한 길을 억지로 간 것이다. 물론 현실에 타협해서 끊임없는 합리화를 하면서 어떻게든 잘 살 수는 있을 것이다. 하지만 결국 부모님을 향한 진실한 사랑보다 의무적인 사랑이 더 커질 것이다.

사람은 태어나는 그 순간부터 인격이 형성된다. 그렇게 나만의 인격체로 험한 인생을 살아가기 시작하는 것이다. 부모가 만들어 놓은 환경에 따라 우리의 성격과 취향 모든 것이 영향을 받을 것이고 그것이 평생 갈 것이다. 가족의 역할이 가장 중요한 셈이다. 각자가 정의한 가족 구성원의 역할을 분담하여 건강한 가족 구성원이 되도록 각자가 알아서 열심히 해야 한다. 나를 위한 길을 가야 한다. 그래야 후회 없는 삶을 살아 나갈 수 있다. 내 고민을 가지고 내 갈 길을 내 스스로 헤쳐 나가야 진정으로 자신이 행복해지는 것을 느낄 수 있다. 그것이 진정 부모가 우리에게 바라는 '효'가 아닐까 싶다.

이탈리아에서 행복한 인생을 배웠다

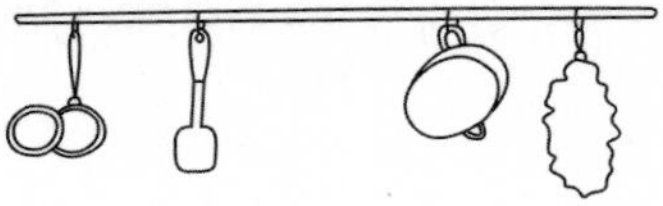

존이라는 버려진 아이가 있었다. 존은 자신이 버려졌다는 생각에 휩싸여 12살부터 술을 마시기 시작했다. 결국 존은 시도 때도 없이 술을 찾게 되는 알코올 중독자가 되었다. 그러던 어느 날 불의의 사고를 당해 전신불수가 되었다. 가족도 없고 알코올 중독에 게다가 전신불수까지 된 존은 웬만한 정신력이 아니고서야 삶을 이어나가기 힘든 상황까지 와버린 것이다. 하지만 어떻게든 숨은 쉴 수 있고 먹고 자고는 할 수 있다 보니 죽지 못해 살았다. 그러다가 존은 우연히 알코올 중독 치료 모임에 들어가게 되었다. 그리고 모임 첫날, 존과 비슷한 처지에 놓인 사람들과 처음 인사를 나누게 되었다. 존은 비슷한 처지에 놓인 사람들이 반가운 나머지 자신의 인생역경을 한탄을 하기 시작했다. 그러나 사람들 반응이 시큰둥하게 쳐다보며 별거 아닌 일처럼 쳐다보는 것이었다.

'그게 뭐 어쨌다고.'

모임 사람들은 자신을 불행하게 만든 세상을 탓하거나 원망하지 않았던 것이다. 모두들 애초에 내가 어떻게 할 수 없는 부분이라고 인정하는 것이다. 즉, 왜 나에게 이런 일이 생길까라고 생각하지 않고 내 운명임을 빠르게 받아들이는 것이다. 서로 누가 더 불쌍한지 대결하지도 않고, 눈물을 짜내지도 않고, 위로 하려고 모인 것도 아니었다. 그저 오늘 하루도 무사히 평범하게 보낼 수 있음에 감사하고, 알코올 중독을 극복하기 위해 어떤 노력을 서로 했는지 이야기 나누는 모임이었다. 모임의 역할은 '아픔의 고통을 잊게 하는 것'이 아니라 '더 나은 삶, 괜찮은 삶'을 위해 노력하게 만드는 것이다. 존은 크게 깨달음을 얻기 시작했다.

이 이야기는 내가 아팠던 당시 우연히 읽은 글인데 큰 힘이 되어서 아직도 기억하고 있다. 이 글을 읽고 내가 앞으로 인생을 살아가는 데 어떤 마음가짐으로 세상을 바라봐야하는지 큰 시야를 얻게 되었다. 나 또한 내가 암 환자라는 사실을 듣고 며칠 동안은 정신을 차릴 수 없었다. '건강한 나에게 왜 이런 시련이 찾아왔을까? 왜 하필 나일까?'라는 생각뿐이었다. 생각을 하면 할수록 우울해졌고 아무리 답을 찾으려고 해봤자 결과는 초라한 그대로였다. 나는 이야기 속의 존처럼 인정하지 못하고 그냥 내가 아프다는 사실 자체를 아예 받아들이지 않았다. 속으로 무한대로 외쳤다.

'나는 백혈병 환자가 아니라 그냥 독한 감기에 걸렸다. 그저 오진이라 잠시 누워 있을 뿐이고 금세 일어날 수 있다.'

100세 인생 시대에서 나는 고작 삼분의 일을 살았지만 내 인생은 투병과 싸우기 전과 후로 크게 나눠졌다. 투병 전에는 물질적으로 가진 것이 많으면 행복할 수 있을 거라 생각했었다. 물질적으로 돈이 많은 부자, 좋은 집과 자동차 등 이런 값진 물질이 주는 행복이 클 거라고 믿었다. 하지만 투병을 하고 시간이 흐르고 나니, 어느 것도 그 자체만으로 행복을 가져다 주지 않았다. 인생에서 가장 큰 교훈을 얻게 되었다. 엔진 소리가 멋진 새빨간 슈퍼카, 모든 시설이 다 갖춰진 주상복합, 그리고 남들이 다 갖고 싶어 하는 멋진 명품들은 내가 행복할 수 있는 척도가 될 수 없었고 유효기간이 그렇게 길지도 않았다. 오히려 시간이 지나면 내가 원래 갖고 있었던 평범한 소유물로 바뀌어 어떤 지속적인 행복을 가져다 주지 못한다. 그렇다면 아예 상상도 못할 돈과 명예를 얻으면 행복해질까? 부의 상징인 집과 차가 있으면 주변의 부러운 시선을 받으며 살면 행복하지 않을까?

여기서 돈과 명예의 기준이 사람마다 다르고 사람은 간사한 동물임을 잊어선 안 된다. 돈이 없을 때는 1억 원만 있으면 모든 게 해결될 것처럼 말하지만, 막상 1억 원이 생기면 3억 원이 필요하고 3억 원이 생기면 5억 원을 꿈꾼다. 기쁨도 잠시 끝없는 욕망의 늪에 빠지는 것이 인간의 1차원 본능이다. 그렇다면 운명처럼 나타난 나의 이상형과 사랑에 빠진다면 정말 행복해지지 않을까? 이론적으로만 된다면 세상에 헤어지는 연인은 없어야 하고, 이혼하는 부부들은 없어야 한다. 하지만 사랑하는 사람과 일어나는 현실은 이론대로 흘러가지 않다는 것을 다 잘 알 것이다. 우리는 그 당시는 절대 인지하지 못하고 사랑에 눈이 멀어 진짜 소중한 사람이 누구인지 헷갈릴 때가 있다.

사람은 태어나면서 부모로부터 100퍼센트의 사랑을 받는다. 하지만 자식은 99퍼센트밖에는 느끼지 못한다고 한다. 늘 비어 있는 1퍼센트의 사랑에 외로움을 느끼고, 그 빈자리는 크게만 느껴지곤 한다. 그러다 사랑하는 연인을 만나면 그 부족했던 1퍼센트가 채워진다고 한다. 그리고 그 1퍼센트가 세상의 전부인 것처럼 생각하고, 부모에게 받고 있는 99퍼센트의 사랑을 홀대하곤 한다. 하지만 결국 사랑이란 감정도 일시적인 감정의 착시에 불과하다는 것을 알아야 한다. 그 당시엔 이 사람이 없으면 죽을 것처럼 슬프지만, 어느 순간 없어도 잘만 살아나간다. 사랑이란 감정뿐만 아니라, 우정 역시 마찬가지다. 사랑하는 배우자나 친구들과 함께 있는 시간이 끝나고 혼자 있다 보면 그때 느꼈던 기쁨보다 더 큰 공허함이 찾아올 수도 있다. 그럼 결과적으로 그 어떤 외부적인 요소로 인해 나는 지속적인 행복을 느낄 수 없다는 결과가 나온다. 행복해지기 위해서는 외적인 요소가 아닌 내적인 요소에서 찾아야 한다는 것이다. 내 마음이 스스로 만들어 낸 행복만이 진정한 나의 행복으로 다가온다. 그래서 나는 이탈리아에 있을 때 아주 쉽게 행복한 인생을 사는 방법을 습득했다. 그냥 이탈리아 사람들처럼 살면 행복해질 수 있겠다고 생각했다. 그들은 스스로 자신의 행복을 결정하는 것처럼 보였다. 앞서 이야기했던 피렌체의 질리카페 할아버지 바리스타처럼 적당한 월급을 받으며 내가 좋아하는 일을 늙을 때까지 즐기면서 사는 것이다. 이렇게 사는 것 또한 나쁘지 않다고 생각한다. 현재 내가 가진 모습 그대로를 인정하고 사랑한다면 그것이 진정 내 마음에서 스스로 만드는 행복이 되는 것이다. 지금 당장은 바로 옆 사람과 비교해 보니 조금 부족하더라도 기분 좋은 희망을 떠올리며 있는 그대로를 인정해 버리는 것이다. 왜냐하면 사람은 모두가 다르기 때문이다. 쉽게 말하면 나에게도 오직 나만이 가진 훌륭한 모습들이 있다는 것이다. 비록 그것이 잘나가는 사람의 모습과 달리 사람들이 좋아하지 않는 모습일지라도 분명 이런 나를 좋아해 주는 사람도 어딘가에 있다는 점을 믿어야 한다. 남이 가진 것을 부러워하지 않고, 지금 내 모습을 좋아해 주는 사람을 찾도록 노력하고 받아들이면 된다. 이탈리아 사람들이 시기와 질투가 없어서 저런 삶의 가치관이 생기는 것이 아닐 것이다. 그들 또한 욕심도 많고 탐욕도 있을 것이다. 하지만 행복해질 수 있는 빠른 방법을 더 잘 알고 있는 것일 수도 있다. 앞으로 우리가 중년이 되고 우리의 자식들이 살아가는 시대는 지금보다 더 많이 바뀌게 될 것이고 세상은 지금도 급변하고 있다. 이에 맞춰 우리도 점점 적응해 나가야 한다. 어차피 삶의 마지막 한 순간까지 나와 함께 하는 존재는 오직 나 자신뿐이다. 남의 마음은 내가 어찌할 수 없기 때문에 그들의 사랑과 관심을 나의 기쁨으로 삼아서는 안 되며, 그런 것들은 결코 나의 행복이 될 수 없다. 먼저 내가 나를 사랑해야 한다. 그리고 내가 나를 봐도 사랑할 정도로 나만의 멋진 인생을 설계해 나가야 한다. 그러기 위해서는 남들과 똑같이 생각해서는 안 된다. 눈치 보지 말아야 하고 내가 하고 싶은 것이 있다면 주저 없이 해나가야 한다. 그때부터 남들은 당신을 부러워 할 것이다. 이 나이에는 이렇게 해야 하고 저 나이에는 저렇게 해야 하는 틀에 박힌 생각은 지금부터라도 잊자. 이제는 깨나가야 할 때다.

나는 이탈리아에서
행복한 인생을 배웠다

초판 1쇄 인쇄 2020년 2월 24일
초판 1쇄 발행 2020년 2월 28일

지은이 박재현
펴낸이 우세웅
사진작가 박종민
기획총괄 우 민
책임편집 이양이
기획·마케팅 정우진
북디자인 신은경

펴낸곳 슬로디미디어그룹
출판등록 제25100-2017-000035호(2017년 6월 13일)
주소 서울특별시 마포구 월드컵북로 400, 서울산업진흥원(문화콘텐츠센터)5층 20호
전화 02) 493-7780
팩스 0303) 3442-7780
전자우편 wsw2525@gmail.com(원고투고·사업제휴)
홈페이지 http://slodymedia.modoo.at
블로그 http://slodymedia.xyz
페이스북 • 인스타그램 slodymedia

ISBN 979-11-88977-42-0 (03190)
이 도서의 국립중앙도서관 출판예정도서목록(CIP)은 서지정보유통지원시스템 홈페이지(http://seoji.nl.go.kr)와 국가자료공동목록시스템(http://www.nl.go.kr/kolisnet)에서 이용하실 수 있습니다. (CIP제어번호 : CIP2020005972)